내가
꿈꾸면
꿈은
현실이
된다

내가 꿈꾸면 꿈은 현실이 된다。

홍성래 에세이

책나무출판사

“

내가 꿈꾸고
목표를 세우면
꿈과 목표가
현실로 된다

”

부끄럽지만 저의 일기장을 세상에 내어놓습니다.

막상 글을 쓰려니 막막했습니다. 무엇을 어떻게 써야 할까? 몇 날 며칠을 고민하며 시간을 보냈는지 모릅니다. 그러다 순간 머리가 맑아지기 시작했고, 저의 어린 시절 이야기 하나하나가 추억이 되어 돌아오기 시작했습니다.

그렇습니다. 짧다면 짧고, 길다면 긴 저의 역사기도 합니다. 제 이웃에게 들려준다는 생각으로 부담 없이 써 내려갔습니다. 자연스럽게, 때론 목이 메어 한동안 물끄러미 고개를 들고 먼 곳을 바라봐야 했습니다. 그렇게 실타래를 하나하나 풀어나가며 썼습니다.

유년기를 이야기하다 피식 웃기도 여러 번, 또 써 내려가다 그리움에 울컥울컥 목젖이 젖어 들기도 했습니다. 청년기에 접어들고 장년기를 지나면서 바빴던 당시가 생각나 챙길 사람을 좀 더 살뜰히 살피지 못한 후회 때문인 것도 같습니다. 가족들 곁에 오래 있어 주지 못했던 미안함이 뼈저리게 와닿는 시간이었습니다.

저의 평생 발자취를 기억해 내어 환갑을 지나면서 이 책을 세상에 내놓습니다.

책 출간은 저의 버킷리스트이기도 합니다. 행복했던 일, 슬펐던 일, 기뻤던 일, 감격했던 일 등 이 모든 것을 종이에 한 글자씩 꾹꾹 채워 넣었습니다. 평생 저의 일기장 같은 이 책을 모든 분에게 공개합니다. 부디 공감하며 편안하게 읽히기를 소망합니다.

특히, 존경하는 저의 부모님과 사랑하는 아내, 저의 자녀들, 나아가 저의 후손들에게 이 책을 바칩니다.

2023년 1월

홍성래

| 목차 |

3부

부록

1부

과거의 향기는
라일락 꽃밭보다 향기가 진하다.

프란츠 투생

세상에
첫울음을 남기고

내가 태어나던 1961년에는 박정희 소장을 비롯한 대한민국 육군 장교들에 의해 5.16쿠데타가 일어나던 해였다. 제2공화국은 출범 9개월 만에 무너졌다.

「금번 군사쿠테타가 발생하면서 나는 무엇보다도 귀중한 인명의 희생이 없기를 바랐으며 순조롭게 수습되기를 희망하였습니다. 다행히 하늘은 우리를 도와서 무사하게 이 나라의 일을 군사혁명위원회의 사람들이 맡아서 보게 하였으며 국민 여러분이 또한 커다란 기대를 가지고 있다는 것을 알게 된 나는 지금 안심하고 이 자리를 물러나겠습니다. 아무쪼록 군사혁명위원회의 사람들은 그 소신과 충성을 다하여 이 나라를 발전시키고 이 국민을 하루속히 궁핍에서 건져내 주기를 바라며 나의 친애하는 국민 여러분이 적극적으로 이에

협조해주실 것을 간곡히 부탁하는 바입니다.」

1962년 3월 22일 윤보선 대통령은 오후 8시 30분 방송을 통해 하야 성명을 발표했다. 5·16쿠데타로 집권한 의장 박정희는 1963년 대통령 선거에 출마하여 현직 대통령이었던 윤보선을 물리치고 제5대 대통령에 취임하였고, 이후 6대 대통령 선거에서도 윤보선을 물리치고 승리했다.

이처럼 1961년은 역사의 소용돌이 속에서 중심을 잡기가 쉽지 않은 때였다. 1961년 그해, 음력으로는 12월 24일, 충북 청원군 미원면 화창리 209번지. 전깃불도, 버스도 들어오지 않은 깡촌에서 농사를 지으시던 아버지 홍선표(현재 98세 생존)와 어머니 임기빈(현재 95세 생존)의 5남매 중 막내로 세상에 태어났다.

당시 내가 살던 미원면은 북단의 좌구산이 남서쪽으로 뻗어 구녀산·인경산으로 이어지고, 남단은 신선봉·주봉, 중앙부는 산지 등으로 되어 있는 산악지역이지만 미원리를 중심으로 미원분지가 발달하여 있었다. 당시에는 산악지역이 많아 금속광과 비금속광물 등 총 5개의 광구가 가행되어 연간 1,800M/T의 규석이 생산되기도 했고, 은행·표고버섯·산나물·대추·은행 등의 임산물이 많이 생산되기도 했다.

어린 시절 부모님은 쌀을 비롯하여 구황작물과 채소들을 심어 다섯 남매를 거두었고, 이상하게도 부모님의 손길이 닿은 먹거리들은 그렇게 맛있을 수가 없었다. 지금 와서 생각하면 옛 어른들 말씀처럼 돌도 씹을 먹을 나이에 얼마나 먹을 것이 없었으면 모든 것이 다디달았을까 싶기도 하다.

○

'전기, 티브이, 고구마' 3종 세트

60년대 초반, 전기가 들어오지 않은 우리 집은 저녁을 먹은 후 어둠이 내리면 성냥을 당겨 석유가 담긴 하얀 호롱 심지에 불을 붙였다. 창호지 문을 여닫을 때마다 빨간 불꽃이 흔들렸다. 엊그제 바른 듯한 벽지가 시간이 지나면서 조금씩 그을리곤 했고, 동이 트고 아침이 되면 온 식구들의 코 밑에는 그을음이 묻어 시커멓게 변해 있곤 했다.

여름에는 심지에 불을 붙이지 않았다. 마당에 모깃불을 피우고 멍석을 깔아 온 식구가 부채질을 하면 하늘에는 별이 총총 떠 있고, 마당 주위에는 반딧불이 아롱아롱 떠다니고 있었다. 모깃불이 재가 된 새벽, 화장실이 급해 나와 보면 어스름한 저녁 달빛이 시리도록 투명했다. 어두우면 어두울수록 더 밝게 빛났던 별도 호롱불이 사위어 갈 즈음부터는 하루가 다르게 빛이 흐려져 갔다.

그때는 모든 것이 행복인 줄도 몰랐다. 호롱불로 의지하며 보내던 밤이 사라지고 어느 날인가 우리 동네도 전기가 들어왔다. 온 세상이 환했다. 이제 밤에도 공부할 수 있게 됐다. 지금은 폐교가 된 가양국민학교(1968년 개교하여, 1987년 학생 수 감소로 가양분교가 된 후, 1992년 미원초등학교로 통폐합되면서 현재 폐교되었다) 까까머리 4학년인 나는 늦은 밤에도 잠을 자는 것이 아까울 지경이었다. 전기가 없을 때는 해가 지면 그저 이부자리로 들어가 이른 잠을 청했지만, 그때부터는 상황이 완전히 달라졌다.

한 동네 스무 가구에 TV가 들어왔고, 우리는 한 대밖에 없는 집으로 달려가 축구 경기와 복싱 경기를 보며 잠을 잊었다. 한마음이 되어 응원했던 것은 지금도 생생히 기억에 남는다. 아마도 2002년 월드컵 경기와 비교해도 밑지지 않을 정도로 그 열기가 실로 대단했다.

특히 빡빡머리에 다부진 체격, 매너 또한 훌륭한 복싱마왕 김일 선수는 정말 신적인 존재였다. 경기가 시작되면 저 몸집에 가능할까 의구심이 들었지만 막상 상대 선수가 치고 들어오면 영락없이 민첩한 몸놀림으로 기술공격을 가해 승기를 잡아 버린다.

상대 선수가 가만히 있을쏘냐. 야비한 반칙이 순식간에 일어나고 잘

나가던 우리 선수가 일순간 역전되어 안쓰러울 정도로 무참히 당하고 응원하던 동네 사람들은 여기저기서 탄식이 쏟아져 나오며 몇몇 사람은 훌쩍거리기도 한다.

바로 이때 김일 선수는 어디서 그런 힘이 나오는지 분연히 일어나 괴력을 발휘해 반칙 도발을 제압해 버린다. 아! 손에 땀을 쥐게 하는 경기였다. 결국 적의 도발을 깔끔하게 해치우는 김일 선수의 경기에 TV 앞에 있는 모두는 환호성을 질렀다. 동네가 들썩거리는 시간이었다.

경기가 끝나면 부모님은 한 손엔 빨갛게 부풀어 오른 내 손을 잡으셨고, 다른 한 손으론 눈앞에서 반짝이는 반딧불이를 보며 내게 옛날이야기를 들려주시곤 하셨다. 깜깜한 거리를 걷는데도 조금 전의 경기 열기가 식지 않아서인지 부모님의 말씀은 하나도 귀에 들리지 않았다. 다만 머리 위 둥근 달님이 마치 공인 양 작은 다리를 들고 하늘을 향해 차는 시늉을 하기도 했다.

TV 하나로 온 열정을 쏟았던 탓인지 배가 고팠다. 방 한 켠에 들여놓은 고구마에 눈길이 갔다. 겨우내 먹을 것이 풍족하지 않았던 그때는 중요한 간식이자 쌀을 대체할 수 있는 식품이 바로 구황작물이기도 했다.

우리 남매는 옹기종기 모여 앉아 부모님이 소중하게 담아둔 밤참을 하나씩 꺼내 야금야금 씹어 먹으며 좀 전의 통쾌했던 장면을 떠올렸다.

껍질을 벗겨내고 한입 가득 베어 물면 달콤한 즙이 입안으로 가득 고였던 세상 가장 맛났던 그 맛. 산신령도 부러워하는 겨울 고구마의 다양한 효능도 모른 채 먹고 자란 우리 형제였다. 그것도 자식들 간식거리를 위해 한여름 땀을 쏟아낸 부모님의 맛이었으니 늘 보약 한 채씩을 흡입한 셈이다.

어린 시절은 모든 것이 그리움이다

한낮 뜨거운 태양이 내리쬐는 날임에도 친구들과 모여 비석치기, 사방치기, 자치기 등을 하며 부모님이 부르는 것도 듣지 못하고 놀이에 빠졌던 그 시절. 결국 친구 한둘이 부모님 호출에 슬금슬금 꽁무니를 빼면 그때서야 나도 자리를 뜨고 집으로 돌아왔다. 막내의 늦은 귀가에도 막내라는 특권 때문에 그리 혼나지는 않았던 것 같다.

가끔 우리 동네에 자동차가 들어올 때도 있었다. 우리는 그 차 뒤를 따라 뛰면서 기름 냄새를 킁킁 맡기도 했다. 지독한 경유 냄새가 무엇이 그리 좋았을까 마는 그때는 무조건 좋아서 먼지를 잔뜩 뒤집어쓰면서도 달렸다. 지금 생각해보면 위험하고 운전하고 있는 차량 주인은 얼마나 당황스러웠을까 쓴웃음을 짓게 된다.

교실 안에서 반찬 냄새가 났다. 4교시도 되기 전 쉬는 시간, 결국 꼬르륵 소리를 참지 못한 한 친구가 싸 온 도시락을 열어 김치 한 조각을 먹은 것이다. 그렇지 않아도 아침이 부실했던 친구들이 성화를 해댔고, 개구쟁이 얼굴의 친구는 아무렇지 않은 듯 능청스러운 웃음을 지어 보였다.

이른 아침에 일어나신 어머니께서 사각 양은 도시락에 곱게 밥을 싸 주셨다. 학교 난로에 솔방울을 두둑이 집어넣고 불을 피우면 주위에 옹기종기 모여 도시락을 먹었다. 꼭 한두 명의 친구들은 숟가락만을 들고

교실 한 바퀴를 순회했다. 친하거나 아니면 제법 만만한 애들로부터 한 두 숟가락씩을 뺏어 먹는 것이었다.

어떤 친구는 분홍색 소시지 위에 달걀물을 입혀 구워오기도 했다. 그 애는 부잣집 딸이었다. 또 어떤 친구는 먹음직스러운 달걀부침이 놓여 있기도 했다.

친구들이 좋아하는 반찬을 담아온 녀석들은 몰래 한 손으로 가리고 먹기도 했다. 눈길이 자주 갔지만 치사해서 고개를 돌려 어머니가 싸준 짭짤한 김치를 우직우직 씹어 넘기기도 했다. 소시지도 달걀도 얼마나 부러웠는지 모른다.

허기진 뱃속을 달래야 했던 그 시절, 학교에서는 옥수숫가루가 섞인 빵 '옥수수빵'을 급식으로 주었다. 그것도 반 친구들이 많다 보니 하나를 반으로 잘라 나눠주기도 했다. 나중에서야 알았다. 그것은 선진 자선단체에서 제공한 구호물자였다는 것을.

그때는 그저 별미를 먹는 색다른 즐거움에 빠져 그 시간을 마냥 기다리기도 했다. 너무 맛있고 냄새도 좋았던 옥수수빵. 아까워서 먹는 것조차 주저했던 시절이었다.

집으로 돌아오는 길. 가방 대신 보자기에 책을 넣은 '책보'를 두르고 다녔다. 그날은 무슨 마음에서인지 논둑길을 걸어오며 책보 속에 빵이 든 것을 깜빡 잊고 휘두르다가 그만 책보를 논에 빠뜨리고 말았다.

'아까운 내 빵!' 제일 먼저 달려가 안에 든 빵을 먼저 꺼내어 바지에 쓱쓱 닦았다. 얼마나 먹고 싶었던 빵이었는데, 아까워서 천천히 먹으려고 했던 내 몫의 빵이었는데…. 그 자리에서 대충 털어낸 후 먹었다. 이런 나를 누가 볼세라.

국민학교 6년 동안의 아련한 흔적들, 이런 추억들이 고스란히 내 가슴에 남아 지금도 나를 행복한 사람으로 만들어준다.

그 당시 친구들도 나처럼 백발이 성성하고 눈가에 주름이 있겠지. 지금쯤 어디서 무엇을 하며 살고 있을까. 그들도 그때 기억을 하며 그리워할까. 그래, 어쩌면 추억은 만남보다 더 아름다운 것일 수도 있겠다.

○

미원에서 청주로 유학하다

부모님의 교육열은 대단했다. 부모님께서는 막냇자식 공부를 위해 미원중학교에서 전통과 역사가 오래된 청주 시내의 중학교로 전학을 시켰다.

갑자기 홀로 떨어져 공부하기에는 막내인 내가 너무 어렸던 것 같다. 늘 그리움을 안고 살았다. 거기다 워낙 시골에서 살다 보니 공부는 뒷전이었다. 도시 친구들을 따라갈 수가 없었다.

결국 담임 선생님과 상담 끝에 농업고등학교의 원예과에 가게 됐다. 그곳은 실습 위주의 학습이었고 주로 모내기, 특용작물, 채소 등의 다양한 작물들을 배워나갔다. 꽃도 나무도 너무 좋았다. 하지만 꿈과 목

표가 없다 보니 수업 자체도 귀에 들어오지 않았다. 그냥 어영부영하다가 졸업을 했다.

그제야 정신이 번쩍 들었다. '중학교 친구들은 대부분 대학을 갔고, 그중 몇몇은 일류대학도 갔는데 도대체 나는 어떤 아인가. 도대체 뭔가'. 공부를 하지 않았으니 어떤 대학에서도 나를 데려가지 않았다.

'나는 누구인가? 나는 왜 태어났을까? 어떻게 살아갈 것인가?'라는 질문을 던지며 끊임없이 나를 새롭게 변화시키기 위해 애를 썼다.

잠깐 재수를 결심하고 공부에만 몰두하기로 작정했다. 그러나 문제는 워낙 기초 실력이 없다는 것이었다. 그렇다고 다시 기초부터 시작하기에는 너무 많은 시간을 허비하는 것 같았다.

하는 수 없이 가고 싶었던 청주대학교 조경학과를 뒤로한 채 충남 예산에 있는 예산농업전문대학에 입학하게 됐다. 1992년 3월 1일, 이 대학은 공주대학교 산업대학으로 개편되었다.

방
첩

새마을운동이 초석이 되어 대한민국을 일으키다

최근 미스터 트롯 경연곡 13살 정동원의 보릿고개가 안방을 장악했다. 중장년층들이 들어보면 그 옛날 배고팠던 시절이 생각나 울컥울컥 가슴이 시리다. 가사만 음미해도 그때의 잔상이 아련히 떠올라 처연해진다.

「아야 뛰지 마라
배 꺼질라
가슴 시린 보릿고개길
주린 배 잡고
물 한 바가지
배 채우시던

그 세월을

어찌 사셨소

초근목피의

그 시절 바람결에

지워져 갈 때

어머님 설움

잊고 살았던

한 많은 보릿고개여

풀피리 꺾어 불던

슬픈 곡조는

어머님의 한숨이었소

어머님의 통곡이었소」

이렇듯 보릿고개를 거친 우리 세대들. 쌀만 씻어 전기밥솥에 넣으면 마법처럼 고슬고슬한 고소한 밥이 지어지고, 언제 어디서든 작은 휴대전화로 그리운 사람과 통화를 할 수 있는 시대를 살아가는 우리 MZ세대는 전혀 모를 것이다.

이제는 비행기만 타도 세계 어느 나라도 제집 드나들 듯 갈 수 있다. 어디 상상이나 했겠는가. 자전거도 귀했던 당시를 생각하면 지금의 풍족함은 괜히 사치처럼 여겨지기까지 한다.

우리 집에도 자전거가 생겼다. 집안의 보물이었다. 천으로 닦고 조이고 기름 치며 보물 1호가 됐다. 자전거 하나로도 온 세상을 내달릴 것 같아 날마다 바라보며 꿈을 키웠다. 이만한 물건이 또 나올까 싶었다.

그런데 중학교 때였다. 담임 선생님께서 "몇 년 후에는 전부 자기 차를 갖고 다니게 될 거야"라고 말씀하시는 게 아닌가. 도무지 믿어지지 않아 '꿈같은 얘기 하시네'라고 속으로 코웃음을 쳤다. 자동차가 한두 푼이 아니고 또 어디 언감생심 그런 소리를 할까 싶었다. 정말 먼 나라 얘기인 줄 알았다.

시간은 모든 것을 바꿔버렸다. 역사와 문명과 과학을 바꾸어 놓았고, 내가 도리질했던 것들도 한순간에 바꿔버리고 말았다.

그때는 그랬던 것 같다. 시간은 쓰는 것이 아니라 보내는 것이라고. 개념 자체를 몰랐던 까까머리 소년이었다. 조용히 흘러가고 있던 시간 속에서 고고한 백조가 물아래 갈퀴로는 쉴 새 없이 움직였듯, 누군가는 또 열심히 연구에 몰두하고 있다는 것을 몰랐다.

선생님 말씀은 그대로 적중했다. 어느새 자동차는 보편화된 편리한 운송수단이 됐고, 우리는 또 명문화된 사회에서 잘사는 나라 대한민국으로 세계 경제 11위의 영광을 안았다.

수십 년의 시간 동안 첨단산업 국가로서 인정받기 위해 유례없는 속도로 발전에 발전을 거듭했고, 그 결과 첨단산업경제라는 세계적 대통

합의 실적을 보여주기도 했다.

과거에는 인구수 5천만 명이라는 힘없는 약소국가에 경제순위를 논할 입지조차 입에 올리지 못했다. 그러나 이제는 국제 무역과 산업화에 힘입어 최고의 수출국 중 하나로 당당히 이름을 올렸다.

공식적 선진국 반열에 오른 만큼 경제적 부흥의 밑바닥에는 박정희 대통령 시절의 새마을운동이 대한민국의 초석이 되지 않았나 생각해 본다.

나와 또 다른 나, 내 친구들

자기 주변에 가장 친한 친구 두세 명만 있어도 성공한 인생이라는 속담이 있다. 내게도 멋진 친구 세 명이 있다. 그중 친구 '우필환'과 '정복환'을 소개한다.

먼저 우필환 친구다.

우리는 서로 힘들 때 정신적이며 물질적으로 도움을 주고받는다. 한번은 은행에 가서 큰돈을 찾아 친구 통장에 넣어 줄 일이 생겼다. 접수창구 여직원이 의아한 목소리로 조심스럽게 "누구시길래 이렇게 큰돈을 넣느냐"며 걱정스러운 듯이 물었다. "친한 친구니 걱정하지 말라. 이거 안 받을 생각으로 빌려준다"며 보내준 일이 있다.

지금도 우리 가족들은 "같이 사귀냐?"고 이야기할 정도로 매일 통화하면서 설을 푼다. 특히 현재의 삶과 앞으로의 삶을 논한다.

50대 중후반까지는 그 친구를 앞질러 더 큰 성공을 했다. 하지만 이제는 그 친구가 더 부자다. 그래도 상관없다. 서로 가진 모든 것을 공유하면서 살아가고 있다. 사업가들이 이렇게 하는 것도 결코 쉽지 않다고 생각하는데 그런 거 보면 나는 참 사람부자다.

자칫 외로울 뻔했다. 현재 충주와 제천에 큰 제조공장을 운영하고 있으며 연 매출 200억 원의 중견기업으로 멋진 선전을 하고 있는 필환이가 내 곁에 있다는 건 참 행운이다. 그 옛날 어려웠던 시절도 나와 닮았다.

또 한 친구는 정복환 친구다. 그는 국민학교 때부터 같은 마을에서 자라다 보니 나의 지나온 삶을 모두 알고 있다고 해도 과언이 아니다. 그 친구는 달리 말하면 내가 힘들거나 상담이 필요할 때는 늘 고민을 털어놓을 수 있는 상담가이기도 하다.

이처럼 인생을 살면서 이런 친구들이 내 곁에 있다는 건 내 인생 최대의 행복으로 "인생 참 잘 살았구나" 하는 생각이 든다. 나는 지금도 우리 아이들에게 얘기한다. "살아가면서 가장 친한 친구 한두 명은 꼭 있으면 좋겠다."라고.

여기 영국의 한 출판사에서 상금을 내걸고 친구라는 말의 정의를 공모하여 수천 통의 응모엽서 중 1등으로 뽑힌 글을 소개한다.

영국의 한 출판사에서 상금을 내걸고 친구라는 말의 정의를 공모했다. 수천 통의 응모엽서 중 1등으로 뽑힌 '친구란 온 세상 사람이 내 곁을 떠났을 때 나를 찾아오는 그 사람'이란 글이다.

매일 밤 수많은 친구와 어울려 술 마시느라 바쁜 아들에게 아버지가 물었다.

"친구가 많은 모양인데 나와 고락을 같이할 수 있는 친구가 몇이나 있냐?"

아들은 정말 많다고 했다. 그러자 아버지는 친구다운 친구가 과연 있는가를 시험해보자고 했다. 돼지 한 마리를 잡아 시체처럼 꾸며 거적에 쌌다. 그리고 먼저 아들과 가장 친한 친구 집을 찾았다.

문을 두드리자 아들 친구가 나왔다. 친구가 거적 짊어진 것을 보고 의아해하자 아들이 말했다.

"남과 시비를 하다가 살인을 했네. 만일 발각이 되는 날엔 관아로 잡혀가서 사형당하고 말 것이네. 급한 마음에 시체를 거적에 싸서 자네를 찾았네. 나를 좀 숨겨줄 수 있겠나?"

아들의 말에 친구는 정색하며 말했다.

"살인하고 시체를 지고 이렇게 오다니! 그런 큰 죄를 지었으면 관아에 가서 자수하는 게 도리 아닌가? 빨리 가서 자수하게. 아니면 내 자네를 위해 대신 신고할 거네!"

당황한 아들은 돌아가 자수하겠다고 말하고는 발길을 돌렸다. 친구 집 서너 곳을 더 다녔으나 결과는 마찬가지였다. 어쩔 줄 모르는 아들을 앞장세워서 이번에는 단 하나뿐인 아버지의 친구를 찾아갔다.

아들이 친구에게 했던 말을 되풀이했다. 아버지 친구는 깜짝 놀라며 문을 열더니 두 부자를 들어오게 했다.

"일을 수습하기 전에 그 시체부터 어디 두어야 하지 않겠는가?"

아버지 친구는 괭이와 삽을 가지고 나와 마당을 급하게 판 뒤 거적을 받아서 묻으려 했다. 그러자 아버지는 친구에게 말했다.

"거적에 싼 것은 송장이 아니라 삶은 통돼지일세. 돼지를 썰고 술을 내오게"

아버지는 어리둥절해하는 친구에게 자초지종을 털어놓았다. 그리고 아들에게 말했다.

"봐라. 내가 친구는 그처럼 많지만, 어느 하나도 너를 위기 속에서 건져주려는 사람은 없었다. 나는 비록 한 친구일망정 위험을 무릅쓰고 나를 구하려 들었다. 한 사람이라도 진정한 친구를 사귀도록 해라."

2부

가정에서 마음이 평화로우면
어느 마을에 가서도
축제처럼 즐거운 일들을 발견한다.

인도 속담

ㅇ

내 아내
박향우

첫 만남에, 사랑에 빠지는 게 가능할까? 작가 모기 겐이치로는 0.1초 만에 사랑이란 감정을 느낀다고 했다. 물론 첫 만남으로 사람을 판단해서는 안 되겠지만 '사랑'은 일상의 인간관계와는 미묘하게 다르다. 육체와 감정을 비롯한 많은 것이 결부되어 있다.

내게도 어느 날 문득 사랑이 찾아왔다. 사랑하는 지금의 아내가 내 마음을 훔쳐 간 그녀다. 대학 조경학과를 수석으로 졸업한 그녀는 대학 동아리 밴드에서 싱어송라이터를 맡았고, 대학가요제에서 입상한 친구였다. 하긴 홍일점 그녀의 활약은 대학교 교내를 흔들 정도였으니 그럴 만도 하다.

그녀가 내게 올 수만 있다면 평생 행복하게 해주고 싶었다. 하지만 그녀의 부모님은 나를 받아들이지 못했다. 시골에서 가난하게 자란 전문대 졸업생이 나였고, 조경기사라 하지만 현장에서 막일하는 게 나였다. 그러니 처음부터 받아들인다는 건 무리였다.

국민학교 시절부터 그녀의 집은 TV에 냉장고까지 가전제품을 보유하고 살았다. 내가 가방이 없어 책보자기를 어깨에 둘러메고 그렇게 부러워하던 운동화 대신 고무신을 신고 걸어 다니며 풀피리를 꺾어 불고 다닌 나를 감히 생각이나 했겠는가. 그러니 가난한 젊은이를 탐탁지 않게 받아들이는 건 너무도 당연한 일이었다.

집안의 반대로 참 많은 고민을 했다. 반드시 성공해야 하는 또 다른 이유도 생겼다. 어떻게 하면 성공할까. 하지만 성공 이전에 결혼이란 장벽이 만만치 않게 벽을 가로막다 보니 괴로운 시간을 보내야만 했다.

자식 이기는 부모 없다고 했던가. 우리의 사랑이 날이 갈수록 진해진다는 걸 아신 부모님은 결국 2년 만에 백기를 들고 우리를 품어주셨다.

결혼 전 그녀에게 약속했다. 지금은 이 넓은 대한민국 땅에 내 땅 한 평, 건물 한 채 없지만 내가 사십대 중반이 되면 십만 평의 조경수 농장과 멋진 빌딩을 갖게 될 것이라고 말이다. 그녀는 믿지 않는 눈빛이었다.

그녀와 결혼을 한다는 것이 처음에는 너무 생경했다. 꿈인가 싶어 살을 꼬집어보기도 했다. 내 아내, 내 인생의 가장 큰 행복이자 행운은 바로 그녀를 알고부터였다. 나를 긴장하게 만드는 그녀, 나를 더 성장할 수 있도록 계기를 만들어준 그녀.

그녀 덕분에 대학에서 조경학 석사에 이어 박사를 졸업했다. 항상 고맙게 생각한다. 그녀 덕분에 이만큼 회사를 키워낼 수 있었다. 항상 감사하게 생각한다. 그럼에도 따뜻하게 대해주지 못하는 남편임을 자각할 때마다 후회도, 반성도 한다.

이제 내 나이도 이순(耳順)에 접어들었다. '생각하는 것이 원만하여 어떤 일을 들으면 곧 이해가 되는 나이'라 했다. 지금부터라도 아내의 뜻을 잘 헤아려 듣고 실천하도록 노력해야겠다.

"여보, 듣고 있소? 그렇게 하도록 노력하겠소. 항상 고맙습니다."

철부지 아내와 남편, 결국 사랑이 후시딘

올림픽이 대한민국을 떠들썩하게 했던 1988년, 어렵게 결혼에 성공한 우리는 신혼여행으로 속리산행을 선택했다. 짧았던 1박 2일 꿈같은 신혼. 하지만 행복을 누리기에는 꿈과 목표가 너무 뚜렷했다. 달콤한 시간을 뒤로하고 집으로 돌아오자마자 다시 일에 몰입했다. 아침 6시에 출근을 하면 저녁 8시까지 잠시도 엉덩이를 바닥에 내리지 못했다.

그 당시 신혼생활은 우리에겐 사치였다. 내가 일에 빠져있는 사이 사랑하는 내 아내는 새벽 별 보고 나간 남편을 기다리며 방 한 칸짜리 월세방에서 연탄구멍을 찾고 살아갔다.

참 무심한 남편이 바로 나였다. 육체적 노동에 파김치가 됐던 나는 종일 남편만 기다린 아내를 뒤로한 채 그대로 잠에 곯아떨어지는 나날을 보냈다. 부유한 가정에서 시집온 아내가 감당하기엔 버거웠으리라.

피곤에 지쳐 코 골고 자는 남편을 보며 어느 순간부터 아내가 삶에 회의를 느꼈는지 불만을 토로하기 시작했다. 그러면서 싸움이 일어났고, 그 일이 있던 후부터 서로를 할퀴는 날이 잦아졌다.

아마도 우리에게 기적이 일어나지 않았다면 아마 지금은 어디서 무엇을 하는지 모를 사이가 됐을 수도 있을 것이다.

그러던 차, 아내가 아이를 임신했다. 첫째 임신으로 입덧이 심했던 아내는 거의 밥을 먹지 못했다. 당시 40kg 몸무게로 버텨가던 아내였다. 그 몸으로도 여전히 연탄불을 갈았고, 꼭두새벽 밥을 차려 주며 무심한 남편을 챙겨주었다. 우리의 다툼에 마음의 생채기가 쌓여만 갔던 당시를 생각하면 지금도 가슴 한구석이 퍽퍽하다.

어느 날인가 보다. 그날도 우리는 각자의 힘듦에 또 다투고 말았다. 같이 살고 싶지 않았다. 이혼을 생각했다. 하지만 가족, 친지, 친구 등을 생각하니 면목이 없어 그것도 마음대로 하지 못했다. '내가 무슨 잘못이 있단 말인가. 가족의 행복을 위해 열심히 살았는데. 나만 잘 살자고 내가 이러나. 이렇게 죽기 살기로 일하는데 고생했다는 말은 못 할망정' 생각하니 부아가 치밀었다.

아내의 마음도 나와 별반 다르지 않았다. 부른 배를 안고도 부부간의 갈등으로 얼마나 힘든 시간을 보냈겠나. 퇴근하고 나서였다. 서로 언성이 높아졌고, 결국 아내는 "같이 못 살겠다."며 집을 나가 버렸다. 나를 이해해주지 못하는 아내가 싫어서 "나가라."고 고함을 쳤다. 그리고 나는 피곤한 나머지 잠이 들어버렸다.

새벽 5시에 일어나 아내 없는 빈 밥상을 보며 돌아서 출근을 하기 위해 방문을 열었다. 그런데 아뿔싸 내 사랑하는 아내가 밤새 보따리를 가슴에 안고 처마 밑에 앉아 있는 게 아닌가.

순간 가슴이 철렁하니 내 눈에 눈물이 고였다. 너무 애처롭고 안타까워 무어라 형언할 수 없는 심정으로 부둥켜안으며 "정말 미안하다."고 했다. "이제 잘하겠다."고 했다. "다시는 안 그러겠다."고 했다. 그렇게 아내를 설득하고 다시 돌아서 출근을 했다.

새벽 공기가 참 을씨년스러웠다. 아내가 또는 남편이 서로의 힘듦만 고집한 채 상처를 줬던 시간이 참 밉고도 우스웠다. 결국 아내와 나의 아픔이 서로에게 고통이었음을 철부지 부부는 몰랐던 것이다.

많은 시간이 흘렀다. 여전히 내 사랑하는 아내는 내 옆을 든든히 지켜주고 있다. 함께함으로써 눈부신 날이 이어지고 있음을 고백한다.

o

드디어 조물주 위에 건물주가 되다

하늘의 별을 따다 줄 정도로 아내를 사랑했지만 현실은 녹록지 않았다. 결혼한 그해 사업을 시작했다. 근 20년간 아침 6시에 나와서 저녁 어스름한 시간이 넘어서야 퇴근을 했다. 아니 그것도 설운도 씨의 노랫말처럼 비가 오나, 눈이 오나, 바람이 부나 내 목표와 꿈을 이루기 위해 끊임없이 노력했다.

그러다 보니 내 아내는 독박육아에 시달리기 일쑤였다. 하지만 자리 잡기 위해 동분서주하기도 부족했던 터라 아이들을 돌봐줄 수가 없었다. 늘 미안했지만 그건 마음속으로만 삼켰다.

그렇게 열정과 성실함이 토대가 되어 결혼 20년 만에 내가 이루고자

했던 10만 평의 농장에 나무를 심을 수 있었고, 청주대학교 근처, 지금의 청원구청 옆에 대지 200평, 건평 1천 평 규모의 빌딩을 세우기 시작했다.

당시 아버지는 "이건 네가 평생 갖고 있을 건물"이라시며 집을 지을 때 기둥을 세우고 보를 얹은 다음 마룻대를 올리는 의식인 상량식(上樑式)을 손수 해주셨다.

상량문은 머리에 '용(龍)' 자, 밑에는 '귀(龜)' 자를 쓰고, 가운데 모년 모월 모일 입주상량(立柱上樑)이라 쓴 다음 밑에 2줄로 '응천상지오광(應天上之五光) 비지상지오복(備地上之五福)' 등 축원의 글귀를 쓴다. 특히 마룻대는 건물의 중심이며 가장 중요한 부분이므로 재목도 가장 좋은 것을 사용한다.

또 마룻대를 올릴 때는 떡·술·돼지머리·북어·백지 등을 마련하여 주인·목수·토역꾼 등이 새로 짓는 건물에 재난이 없도록 지신(地神)과 택신(宅神)에게 제사 지내고, 상량문을 써서 올려놓은 다음 모두 모여 축연을 베푸는 의식이다.

마룻대는 목수가 올리는데 대개 광목으로 끈을 하고 양쪽에서 잡아 올리고, 이때 건물주는 돈을 놓기도 하고, 마룻대에는 백지로 북어와 떡을 묶어 놓는데, 이것은 나중에 목수들이 떼어 먹는다. 상량날에는 대개 공사를 쉬고 이웃에 술과 떡을 대접한다. 이왕이면 다홍치마라고 아버지의 염려를 잠재우기라도 하듯 정성껏 제를 올렸다.

당시 많은 기억들이 스쳐 지나갔던 것 같다. 청주시 미원면에서 가난한 집 다섯 남매 중 막내로 태어나 호롱불 아래서 서로 부대끼며 살았던 시절. 친구가 사 온 달걀 입힌 분홍색 소시지가 먹고 싶어 쳐다보자 손으로 가리며 혼자 먹던 동무, 그때는 그렇게 미울 수가 없었는데 이제는 다들 그리운 얼굴들이 됐다.

책보를 돌리다 안에 든 빵이 논에 떨어져 누가 볼세라 바지에 쓱쓱 닦고 맛나게 먹던 일들. 무수히 많은 이야기가 머릿속을 지나갔다. 똥구멍이 찢어지게 가난했던 그 시절을 극복하고 이제 어엿한 건물주가 됐다고 생각하니 울컥 가슴이 미어져 왔다.

지금 다시 당시를 회상해도 가슴이 뜨겁다. 힘든 시간들이 어쩌면 나를 지탱해준 지지판이 아니었을까 조심스레 생각해 본다.

결혼, 하늘에서 떨어진 바늘 하나가 바늘귀에 꽂히는 게 바로 결혼이란다

사람들이 살아가는 데는 작든 크든 근심 걱정이 따르기 마련인가 보다. 하기야 불교의 극락이나 그리스도교의 천국이나 신의 세계가 아닌 이상 인간의 세상에는 근심·걱정이 없을 수가 없다는 말도 있다.

내게는 장성한 1남 2녀가 있다. 그러다 보니 혼사가 제일 고민 중에서도 대표 고민거리다.

미국에서 고등학교를 졸업하고 대학에 다니던 아들이 군대에 간다고 한국으로 돌아왔다. 항상 먼 곳에 있다 보니 걱정이 됐는데 건강한 모습으로 복무하겠다고 나오니 대견했다. 그렇게 아들은 군 입대를 했고, 무사히 제대하고 우리 품으로 돌아왔다.

하루하루 시간이 흘렀다. 아이가 떠나야 할 시간이 다가오니 괜히 마음이 조급했다. 옆에 끼고 있으면서 사업에 참여시키고 싶어 슬그머니 "미국 가기 전에 그냥 아빠랑 사업이나 할래?"라고 넌지시 물었다. 그러자 녀석이 "한 일주일만 시간을 주세요."라고 대답하는 것이 아닌가.

의외의 발언에 그냥 눌러앉아 주기를 은근히 바랐다. 그렇게 고민하던 아들이 거짓말처럼 미국행을 포기했고 내가 경영하는 회사에 입사했다. 뿐만 아니라 내가 같이 운영하고 있던 골프장 관리를 도우며, 대학교에 편입하여 4년째 학업을 이어가고 있다.

아들 덕분에 갑작스러운 일이 생겨도 시간 조율을 편하게 할 수 있어 좋다. 하지만 아비로서 남의 집 혼사에 가면 늘 조바심이 이는 건 숨길 수 없다. 설상가상으로 두 딸아이조차 자기 직업에 만족하다 보니 결혼 생각이 없는 것 같다. 남자친구도 없는 것 같아 솔직히 부모로서 걱정이 많다.

아들 나이 서른, 그 녀석만이라도 얼른 제 짝을 만나 알콩달콩 가정을 꾸렸으면 한다. 어찌 됐건 아이들을 빨리 결혼시켜서 각자 자리를 잡고 안정된 생활을 하길 바라는 게 부모 마음이다.

이 자리를 빌려 세 아이에게 꼭 들려주고 싶은 이야기가 있다.

인연이란 저 높은 하늘에서 바늘 하나가 떨어져 바늘귀에 꽂히는 것이다. 부디 그런 사람이 있다면 지체하지 말고 우리에게 소개하렴. 대신 그보다 우선은 단순히 올바른 상대를 찾음으로써 인연이 오는 게 아니라 올바른 상대가 됨으로써 그 인연이 따라온다는 것이다. 명심하거라.

가정 그리고 가족, 그 아름다운 이름

「시청자 여러분. 정부가 결국 국제통화기금 IMF에 구제금융을 신청하기로 했습니다. 경제우등생 한국의 신화를 뒤로한 채 사실상의 국가부도를 인정하고, 국제기관의 품 안에서 회생을 도모해야 하는 뼈아픈 처지가 된 겁니다.」

윗글은 1997년 11월 21일 MBC 뉴스데스크 이인용 앵커의 오프닝 멘트였다.

당시 김영삼 대통령은 대국민 담화에서 이렇게 말했다.

「시급한 외환 확보를 위해 국제통화기금의 자금 지원체제를 활용하겠습니다. 이에 따른 다방면에 걸친 경제 구조조정 부담도 능동적으로 감내해 나가도록 최선을 다할 것입니다. (중략) 지금은 누구를 탓하고 책임을 묻기보다 우리 모두가 다시 한 번 허리띠를 졸라매고 고통을 분담하여 위기 극복에 나서야 할 때입니다.」

금은보석 시계 도매 장사를 하던 둘째 형님과 셋째 형님이 IMF로 인해 어려움에 부닥치게 됐다. 둘째 형님께 빌딩 6층에 노래방 시설을 해드리고, 7층에는 호프집과 커피숍을 마련해 드렸다. 그렇게 형님의 재기를 도왔다. 어찌 보면 외환위기가 형제애를 확인시켜 주는 계기가 됐다고 생각한다.

시골에서 농사짓던 큰형님과 셋째 형님이 회사를 도와주기 위해 오셨다. 부모님과의 갈등으로 힘들어하는 누님에게는 화해의 기회도 만들어 드려 마음의 짐을 벗겨주었다.

공자(孔子)는 가정 윤리를 이렇게 설명했다.

'父父子子, 兄兄弟弟, 夫夫婦婦(부부자자, 형형제제, 부부부부)'

아버지와 자식, 형과 동생, 남편과 아내가 모두 본분을 다해야 한다는 얘기다. 책임을 다하면 가정이 바로 설 것이고, 가정이 바로 서면 천하가 편안해질 것은 불을 보듯 뻔하다. 그것이 곧 '正家而天下定矣(정가이천하정)'이라는 게 공자의 해석이다. 이 말이 흔히 쓰는 '修身齊家治國平天下(수신제가치국평천하)'로 발전했다.

나는 생각한다. 적어도 부모님이 살아계실 동안, 아니 사후에도 마찬가지지만 화목이 제일이라고. 가정 그리고 가족, 적어도 이 두 단어는 사회생활에 지친 사람들이 마지막으로 위로받고 편안한 쉼을 하는 곳이어야 한다.

내일을 위한 휴식 공간이 바로 가정과 가족 아니겠는가. 요즘 시대를 보면 '가족이 리스크' 또는 '막장 드라마'에 가족이 등장한다. 참으로 가슴 아픈 현실이 아닐 수 없다.

"키미테를 붙이셨군요" 둘째 딸아이의 이상한 행동

장거리 버스나 배를 탈 일이 있을 때 반드시 멀미 예방으로 귀 뒤에 키미테 패치를 붙여본 경험이 있을 것이다. 먹지 않고 간단히 붙이기만 해도 예방 효과가 그만이니 얼마나 신기하고 편리했을까. 하지만 최근에는 예전만큼 키미테 사랑이 진하지 않다.

물론 이유는 여러 가지가 있을 것이다. 장거리 버스 탈 일이 없을뿐더러 도로도 많이 좋아져서 이동 시간이 많이 줄었다. 또 하나는 16세 이상으로 사용 허가가 바뀌었기 때문이다. 물론 8~15세도 사용할 수는 있다. 다만 '어린이 키미테 패치'는 전문의약품으로써 약국에서 바로 구매할 수가 없다는 이유다.

아이들이 무방비로 붙이면 귀 안의 전정기관을 진정시키기도 하지만 다른 부위를 진정시키기도 한다. 과도하게 효과가 나타나는 경우 착란, 불안, 환각, 망상 등의 정신과적 부작용이 나타날 수 있다. 이러한 정신과적 부작용은 체중이 적게 나가는 소아에서 더 빈도가 높게 나타난다. 7세 이하는 아예 사용 금지로 지정될 정도로 제한하고 있는 게 키미테다.

둘째 딸아이가 키미테로 인해 정신과적 부작용이 나타난 적이 있다. 그때 얼마나 심장을 졸였는지 지금 생각해도 아찔하다. 아이는 초등학교 1학년 때부터 6학년까지 줄곧 반장을 할 정도로 리더십이 뛰어나고 똑똑했다. 우리 부부의 자랑이기도 했다.

아이가 초등학교 3학년 때였다. 학원에서 에버랜드로 나들이를 떠난다기에 혹시나 어지럼증으로 힘들어할까 봐 키미테 패치를 귀밑에 붙여주며 배웅을 했다.

저녁 무렵, 나들이에서 돌아온 아이를 마중 나간 아내가 사색이 되어 돌아왔다. 그렇게 똑똑하던 아이가 평소 하지 않던 행동을 하며 헛소리까지 하는 게 아닌가. 우리를 보며 "엄마 아빠 얼굴에 거미가 기어간다."라는 말과 함께 지나가는 길에 놓인 돌을 뽑으려 하는 행동까지 하는 것이었다. 냉면집을 갔는데 냉면 그릇에 손을 집어넣지를 않나. 야단친다고 되는 게 아니었다. 아이의 이상한 행동은 계속 이어졌다. 하늘이 무너지는 것 같았다. 아이는 잠도 자지 않았다. 이상한 행동은 계속됐고, 심지어 벽을 벅벅 긁어대기도 했다. 무얼 했길래 아이가 이렇게 됐을까. 에버랜드에서 어떤 일이 있었을까.

밤늦은 시각, 마침 같은 아파트에 정신과 의사 선생님이 살고 있어 예의가 아니지만, 그분께 연락을 취하여 아이의 행동을 보여주었더니 의사선생님이 큰 병원으로 가보라는 의견을 내주셨다. 밤새 아이를 업고 달랬다. 새벽까지 이상한 증상은 계속되고 있었다. 밤이 왜 그렇게 길던지…….

마침내 동이 트고 9시가 되어 청주 시내 정신과 홍종문 의사 선생님을 찾아갔다. 자초지종 이야기를 하며 "여행을 다녀와서 아이가 이렇게 변했다."고 했더니 "혹시 키미테를 붙이지는 않았느냐?"고 묻는 것이었다. 알고 봤더니 아이 귀 뒤에는 여전히 한 개도 아닌 두 개의 키미테 패치가 양쪽에 붙어있었다. 환각 현상의 범인은 바로 키미테였다. "키미테를 떼어 내면 괜찮을 겁니다."라는 말에 가슴을 쓸어내렸다.

아이를 업고 집으로 데려와 잠을 재웠다. 정말 뒤척이지도 않고 푹 자고 일어난 아이는 언제 그랬냐는 듯이 아주 정상적인 아이로 돌아와 있었다. 세상을 다 얻은 것처럼 얼마나 기뻤던지 모른다. 이 자리를 빌려 홍종문 정신의학과 의사 선생님께 감사하다는 말을 꼭 전하고 싶다.

○

자식 자랑하면 팔불출이라던데…

'팔불출'의 근원을 알아봤다. 원래의 뜻은 '제 달을 다 채우지 못하고 여덟 달 만에 낳은 아이'를 일컫는 팔삭동(八朔童)이에서 비롯되었다고 한다. 팔불출은 어리석은 사람을 가리키는 말로써 '좀 모자란' 또는 '덜 떨어진', '약간 덜된' 것을 의미한다고도 했다.

누군가는 팔불출이란 어휘를 여덟 가지 못난 행동으로도 비꼬아 설명하기도 했다. 그 첫째가 자기 잘났다고 뽐내는 놈, 둘째가 마누라 자랑하는 놈, 셋째가 자식 자랑하는 놈, 넷째가 조상과 부모 자랑을 일삼는 놈, 다섯째가 저보다 잘난 듯싶은 형제 자랑하는 놈, 여섯째가 어느 학교의 누구 선배 또는 후배라고 자랑하는 일, 일곱째가 태어난 고장이 어디라며 우쭐해하는 놈, 여덟째가 남이 장에 가는데 똥장군 지고 따라

가는 놈이라 했다.

내가 여기에 낄 줄은 몰랐다. 오늘 나도 덜 떨어진 팔불출이 한번 되어 보고자 한다.

우리 집에는 똑 부러지는 딸 둘과 착한 아들이 산다. 그것도 셋씩이나 말이다. 아들에겐 미안하지만 딸 둘은 집사람을 닮아 공부를 잘했다.

큰딸은 영재라는 소리를 듣고 살았다. 그러다 사춘기를 호되게 앓으면서 서울의 대학이 아닌 지방의 조경학과를 졸업했다. 아비의 피를 이어받았는지 지금은 조경 관련 회사를 꾸려 열심히 일한다. 나와는 조금 다르지만 기획과 예술 활동을 통해 조경을 소개하는 일을 하고, 대학의 조경학과 겸임교수로도 왕성한 활동을 하고 있는 재원이다.

둘째 딸아이는 대학교 약학과 석·박사를 졸업하고 서울의 큰 병원 간암연구소에 근무하다, 지금은 바이오벤처기업에서 신약개발을 위한 동물실험을 하는 연구원으로 근무하고 있다. 다들 맡은 곳에서 제 역할을 척척 소화해 내니 결혼 외에는 나무랄 곳이 없는 아이들이다.

막내아들은 중학교 시절 공부를 워낙 안 해 고교 1학년 들어가면서 "차라리 미국에 가서 공부하고 오너라."라고 했다. 미국에서 고등학교를 졸업하고 대학에 다니던 아들이 입대를 이유로 한국으로 건너와 그대로 눌러앉은 상태다. 아버지 일을 착실히 도우며 대학에서 열심히 공부하는 아들이 늠름하고 대견하다.

우리 부부는 멋진 아이들 덕분에 하루하루가 행복하다. 이 아이들을 보면 활기를 되찾는다. 다들 바쁘지만 가족 행사에는 빠짐없이 만나 서로 얼굴을 보며 대화를 하는 우리 가족. 소통이 원활한 우리 집의 사계는 행복으로 가득 채워져 있다.

대견하다 우리 아이들, 너희가 우리 곁에 와 주어서 정말 고맙다.

○

희망
얼굴

지역에는 '희망얼굴'이라는 캐리커처를 그리는 지선호 교장 선생님이 계신다. 희망얼굴은 각계각층에서 활발하게 활동하고 있는 사람들의 특징을 형상화한 캐리커처다. 희망의 메시지를 담아 소통하며 세상에 희망 바이러스가 번지길 소망하는 지선호 선생님의 특별한 뜻에서 시작되었다.

대한민국을 빛낸 인물, 지역사회 발전을 위해 힘써오는 문화예술인, 시민활동가, 종교인, 기업인, 교육 현장에서 힘쓰는 교사들이 대부분이다.

하루는 전시를 한다는 초대를 받아 전시장에 가보니, 수많은 희망얼굴 중 내 얼굴도 걸려 있었다. 전시장에 걸려 있는 나의 얼굴을 보니 감개무량했다.

열심히 살아온, 지나온 시간들도 파노라마처럼 스쳐 지나갔다. 나는 어떻게 주변의 이웃에게 나눔을 실천하고, 선한 영향으로 희망을 주는 사람으로 살 수 있을까.

리더십교육으로 대학 강단에 우뚝 서다

혈액형은 과연 맞는 걸까? 누군가는 A형은 소심하고, O형은 화끈하고, B형은 다혈질에, AB형은 알다가도 모르는 사람이라는 특징을 가졌다고 한다. 과연 혈액형별로 나눈 성격은 일리 있는 것일까.

참고로 나는 A형 남자다. 소심하다고 단정 짓기보단 신중하고 사려 깊은 성격이라고 말하고 싶다. 자기주장을 내세우기보다는 상대방의 의견을 경청하고, 받아들이며 겸손한 태도로 사람들에게 반듯하고 차분한 인상을 주는 신뢰받는 성격이다.

하지만 작은 일에 걱정이 많으며, 결단력이 부족하고 내성적이며 부끄러움이 많은 편이 A형이란 소리를 들었다.

좀 더 자세히 들여다보자. 풍부한 감수성을 지닌 A형은 감수성이 풍부하고 공감 능력이 뛰어났기 때문에 슬픈 영화를 보면서 감정이입이 되어 눈물을 흘리는 경우가 많다.

꼼꼼한 성격이다. 어떠한 일을 할 때 완벽한 마무리를 선호한다. 그러다 보니 꼼꼼한 남자를 보면 A형이냐고 물어보기도 한다. 이들이 꼼꼼한 이유는 완벽하게 마무리를 해야만 직성이 풀리기 때문이다.

강한 자존심을 가진 남자도 바로 A형이다. 특히 내적 자존심이 강해서 자기가 잘못을 했어도 순순히 사과하지 못한다. 친구 또는 연인과 다투고 나서 먼저 연락하지 않는 경우가 많은데 그럼에도 속으로는 잘 지내던 시절을 누구보다 그리워하고 있다는 것이 A형이다. 참 아이러니하다.

따뜻한 배려의 소유자. 종종 상대를 많이 의식하는 거 같아도 타인의 입장을 먼저 생각하려 하는 따뜻하고 배려 깊은 성향. 타인이 불편하지 않을 만큼 적당한 거리 유지도 잘하고, 적절한 선도 잘 지키는 성향이 바로 A형이다.

또 A형은 수줍음을 잘 타고 낯가림이 있는 성격이다 보니 스스로 스트레스를 받기도 하고, 기분이 침울해져 있거나 의기소침해져 버릴 때도 있다.

이렇게 사족을 길게 단 이유는 간단하다. 내가 바로 이런 성격이었다. 내성적인 성격으로 타인 앞에만 서면 떨려서 한마디 말조차 힘들어서 불안했다. 사회생활을 해나가야 하는 나는 스트레스를 받았고, 발표불안증을 극복하기 위해 대전으로 스피치 학원을 다녔다. 특히 더 나은 발전을 위해 크리스토퍼 리더십 코스도 수강했다. 처음에는 '과연 내가 해낼 수 있을까?' 반신반의했지만 시간이 지나면서 서서히 변해가는 나를 발견했다. 새로운 시작이었다.

그리고 드디어 내게도 기적이 일어났다. 바로 남들 앞에 서면 한없이 작아졌던 내가 대학 강단에서 강의를 맡게 된 것이었다. 전형적인 A형 남자인 내가 외향적으로 바뀌면서 일어난 인생 대반전이었다.

초창기 3시간짜리 수업이 어찌 그리 길던지…. 현장 일보다 더 힘들어 목이 쉬면서 녹초가 되기 일쑤였다. 하지만 리더십 강사교육을 통해 언변은 물론 학생들이 집중할 수 있도록 하는 스킬도 배워 2015년도까지 5년간 대학 강단에서 강의를 했다.

물론 최근까지도 나는 관련 기관을 다니며 강의를 했다. 그럴 때 가끔 만나게 되는 공무원이 된 제자들이 여전히 "교수님!"하고 불러준다. 어느새 멋지게 성장한 제자들을 보면 뿌듯하다는 생각이 든다. 이것이 보람 아닐까.

요즘도 사람들은 내게 “강의는 왜 하지 않으세요?”라고 물어볼 때가 있다. 사실 내 시간이 그만큼 줄어들다 보니 어쩔 수 없이 포기할 수밖에 없었다. 많은 것을 내려놓으니 제법 한갓지다.

이제 가끔씩 하늘을 보며 쉼을 하려고 노력한다. 너무 바쁜 건 아니함만 못하다.

대학 강단에서 학생들에게 들려준 말말말!

대학에서 성공 비결을 강의했다. 학생들의 눈이 초롱초롱 빛났다. 오늘은 몇 개의 파트로 나누어 그때의 기억을 더듬으며 적어본다.

#PART 1

허름한 집에 주인이 없으면 그 집은 제구실하지 못하고 몇 년 내에 쓰러지고 만다. 하지만 아무리 낡았더라도 주인이 살고 있으면 절대 쓰러지지 않는다.

기업이나 조직도 마찬가지다. 주인의식으로 살아야 기업이 살아나고 조직도 잘 유지된다. 우리 학생들도 마찬가지다. 오늘 하루 자신이 세상의 주인공이라는 생각으로 꿈과 희망을 위해 최선을 다한다면 분명 성공 반열에 올라갈 것이란 건 자명한 일이다.

#PART 2

잘 되는 식당이 있었다. 그 집은 늘 주인의식을 가지고 깨끗하고 책임감 있게 경영해 나가는 곳이었다. 아무리 오래 기다려도 봄의 따스함처럼 햇살이 스며드는 공간에 너무 과하지 않은 미소로 지루함을 잊게 했다. 더구나 조금씩 보이는 문구 또한 정겹게 느껴졌다.

불편함이라곤 1도 찾아볼 수가 없었다. 모든 것에 최선을 다하니 맛조차 일품으로 다가왔다. 그 집은 항상 문전성시를 이루고 있었다. 충분히 그럴 만하다고 생각한다.

#PART 3

성공하는 사람은 남보다 10분 일찍 출근하고 10분 늦게 퇴근한다. 그만큼 주인의식을 가지고 매사 업무를 대하니 상사에게 인정을 받을 수밖에 없었다.

처음 사업을 시작했을 때 우리 직원 한 명이 그랬다. 정말 다른 직원보다 10분 일찍 출근하고 10~20분 늦게 퇴근하면서 사무실을 깨끗이 정리 정돈하고 퇴근하는 걸 봤다. 항상 그랬다. 그 친구는 현재 독립해서 건실한 조경회사를 운영하고 있는데 100억대 재산가가 됐다. 그런 친구들은 분명 성공할 수밖에 없다.

#PART 4

나는 매사에 긍정적으로 살았던 것 같다. 목표를 설정하고 틈나는 대로 계획을 세우며 꿈은 꼭 이뤄진다는 것을 믿어 의심치 않았다. 정말 거짓말처럼 목표와 꿈이 현실이 됐다.

특히 가난한 사람과 부자의 차이는 성공과 실패를 어떤 시각으로 보느냐에 따라 차이가 난다는 것을 알았다. 성공한 사람은 항상 긍정적인 생각을 가지고 보는 방식 또한 다르다.

유명한 예시가 있다. 물컵에 물이 반만 들었을 때 그것을 보고 혹자는 '물이 반이나 남았네'라고 생각하는 반면 다른 이들은 '물이 반밖에 안 남았네'라고 생각한다. 마찬가지로 세상이 수만 가지 색으로 이뤄졌어도 빨간색 안경을 쓰고 보면 세상은 온통 빨간색이다. 다른 색은 보이지 않는다.

또 다른 얘기는 돌부리와 디딤돌 얘기다. 부정적인 한 사람은 돌에 걸리자 "에이 돌부리에 걸렸네. 저리 치워"라고 했지만, 긍정적인 사람은 "디딤돌이구나!"라고 했다.

이렇듯 보는 각도에 따라 삶의 방향이 달라진다.

#PART 5

인간관계는 참으로 복잡다단하다. 미국 카네기 공대 졸업생이 "성공하는 데는 전문 기술이 15%, 나머지는 85%"라는 이야기가 있다. 우리 주위에서 성공한 사람들을 둘러보면 하찮다고 할 정도로 작은 일에 소홀하지 않고 잘 챙겨 여러 사람과 좋은 관계를 맺은 것을 볼 수 있을 것이다.

그들은 진솔한 마음과 함께 입으로는 부드럽고 친절하게 말하고 만남이 끝난 후에는 집으로 돌아와 반드시 손 편지를 써서 보냈다고 한다.

#PART 6

내가 좋아하는 명언이다. 오노 요코의 '혼자 꾸는 꿈은 꿈이지만 함께 꾸는 꿈은 현실이 된다' 그렇다. 우리는 함께 더불어 현실을 만들어 나가야 한다.

'빨리 가려면 혼자 가지만 멀리 가려면 함께 가라'라는 인디언들의 속담도 반추해 본다. 함께 일하는 모든 사람이 인생의 소중한 파트너라는 사실을 잊지 말았으면 좋겠다. 어쩌면 그들은 인생의 목표를 달성할 수 있도록 당신의 옆에서 조력자 역할을 해줄 친구일지도 모른다.

#PART 7

경험은 같은 실수를 되풀이할 때 그것을 깨닫게 해주는 놀라운 힘이 있다.

미국의 정치가이자 건국의 아버지 벤저민 프랭클린에게 누군가 "당신은 수많은 실패와 위기에도 불구하고 어떻게 포기하지 않고 끝까지 전념할 수 있었습니까?"라고 말하자 그는 실패와 절망 속에서도 끝까지 도전할 수 있었던 방법에 대해 다음과 같이 말했다.

"석공을 자세히 관찰한 적이 있으십니까? 석공은 큰 돌을 깨기 위해 똑같은 자리를 백 번 정도 두드릴 것이다. 돌은 갈라질 징조가 보이지 않더라도 말이다. 하지만 백한 번째 망치로 내리치면 돌은 갑자기 두 조각으로 갈라지고 만다.

이처럼 큰 돌을 두 조각으로 낼 수 있었던 것은 한 번의 두들김 때문이 아니라 바로 그 마지막 한 번이 있기 전까지 내리쳤던 백 번의 망치질이 있었기 때문이다."

성공하기까지는 필요한 경험질량법칙이 있다. 그런데 성공이 아닌 경험이 반복되면 이것이 실패의 연속처럼 느껴지곤 한다. 하지만 경험이 반복될수록 성공은 매일 여러분에게 가까워지고 있다. 그러니 오늘의 백한 번째 망치질을 망설이지 마시라.

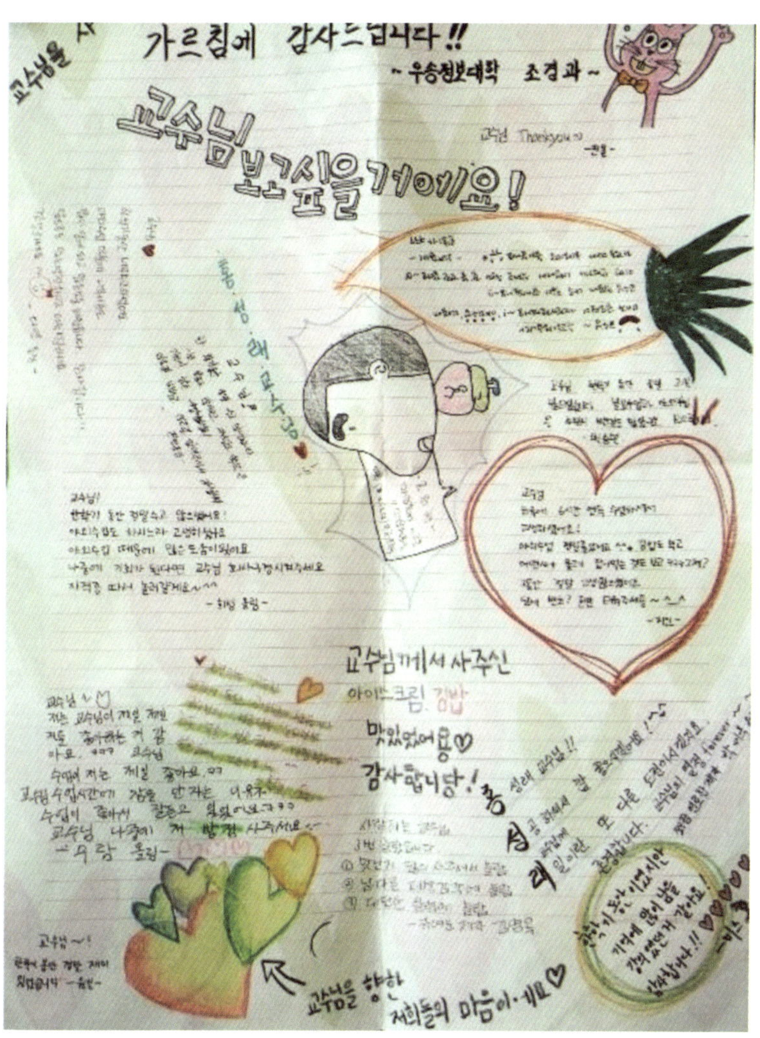
가르침에 감사드립니다!!
~우송정보대학 조경과~
교수님 보고싶을거에요!
교수님께서 사주신
아이스크림. 김밥
맛있었어용♡
감사합니당!
교수님을 향한
저희들의 마음이·세요♡

○

휘청거릴 때도 있지만
결국 나를 잡아준 건
포기하지 않는 열정

내가 가진 모든 꿈을 이뤘다고 생각하던 찰나, 대학원에서 심상열 지도교수님을 만나게 됐다. 그러면서 인생의 새로운 터닝 포인트가 됐다.

심 교수님께서 "미국이나 유럽 쪽에서는 파크 골프라든가 Par3 골프장이 유행이다. 그런 것들을 해보면 어떻겠느냐?"라고 해서 2010년 청주시 내수읍에 있는 2만 평 조경수 농장에 교수님 말씀대로 Par3 골프장을 계획하게 됐다.

2년간 직접 골프장 조경을 하면서 여러 가지 생각을 하게 됐고, 시간이 흘러 2년 후인 2012년 9월 어렵사리 준공을 마치고 영업을 시작했다.

조경업을 하며 벌었던 돈을 전부 재투자하여 Par3 18홀 골프장으로 직접 설계하고 시공하기에 이르렀던 그 시절. 정규홀 못지않은 18홀 미니 골프장! 가슴이 너무 뿌듯했다. 드디어 해냈다는 자부심에 심장이 떨렸다.

그렇게 9월 23일 개업식을 했다. 많은 사람이 축하와 응원을 해주었다. 당시 주차장 마당에 화환 몇백 개가 들어왔는지 셀 수 없을 정도로 성황리에 식을 마칠 수 있었다.

고객들도 발 디딜 틈 없이 비좁을 정도로 많이 몰려와 축하해 주었다. 그동안 모든 염려가 물거품처럼 녹아내리는 순간이었다. '성취감이 바로 이런 거구나!' 싶었다. 지금부터는 탄탄대로가 펼쳐질 줄 알았다.

하지만 인생은 뜻대로 되지는 않는 모양이다. 골프장을 시작하면서 수렁 속으로 빠져드는 기분이었다. 대략 50억 원 가까이 투자를 했지만 정작 수입은 1년에 2~3억 원 밖에 나오지 않았다.

머리를 쥐어 짜냈지만 뾰족한 해결책이 나오지 않았다. '어떻게 할까!' 무수한 고민과 함께 잠을 설치는 나날의 연속이었다. 힘들 때 함께 고생했던 가족에게 제일 미안했다.

더구나 건설업을 하다가 서비스업을 하다 보니 적성에도 맞지 않았다. '이거 괜히 시작했구나!' 그렇게 후회될 수가 없었다. 그 과정에서 가족의 단단한 결집력이 나타났다. 서울에서 직장 생활하고 있던 큰 딸아이가 내려와 골프장 매니저 일을 도와줬다.

정말 애지중지 만들었던 골프장을 오죽했으면 2~3년 지난 후에는 땅값만이라도 받고 팔려고 했을까. 하지만 그마저도 뜻대로 되지 않았다. 임자가 나오지 않으니 몸살 앓으면서도 끌고 갈 수밖에. 하는 수 없이 다시 운동화 끈을 묶고 뛰어야 했다.

한 방울씩 떨어지는 낙숫물이 바위를 뚫듯 간절히 기도하면 이루어진다고 했던가. 고민하며 무수히 쏟아낸 땀방울이 결국 기울어지는 사업을 바로 세울 줄이야.

사람이 죽으란 법은 없는 것 같다. 그로부터 8~9년, 서서히 골프 인구가 젊은 층으로 늘어나더니 만 10년째가 되자 매출이 상승곡선으로 올라가고 있었다. 그리고 2020년, 코로나 팬데믹으로 인해 야외 레저가 붐을 타면서 특수효과를 제대로 톡톡히 누렸다. 매출도 예전에 비해 많이 좋아졌다.

영업이 잘되니 그렇게 팔려고 해도 팔리지 않던 골프장을 반대로 매매하라는 사람들이 많아지기 시작했다. 이제는 팔고 싶지 않았다. 그냥 유지하다 내 생명이 다하는 날 자식들에게 물려주고 싶다고 생각했다.

살다 보니 터득한 것은 자신이 가지고 있던 것을 팔고 나면 상당히 후회스럽다는 거다.

일례로 가지고 있던 빌딩 임대사업이 힘들어 몇 년 전에 처분했는데 참 많은 후회를 했었다. 열과 성을 더해 피땀으로 버무린 견고하게 잘 지은 건물, 당시 다른 곳에 비해 건축비가 평당 100만 원씩을 더 들여서 지은 건물이었다.

처음에는 골프장도 그랬다. 팔까 말까 많이 고민하다가 결국 그냥 가져가기로 마음먹었더니 의외로 마음이 편했다. 무엇보다 열정적으로 하다 보니 운영도 잘 되는 것 같다.

골프장을 운영하면서 많은 것을 배웠다. 힘든 일을 겪고 난 뒤에는 더욱 강해진다는 것을. 보다 외향적이고, 자신만만해지고, 남을 생각하는 마음이 더 깊어진다는 것을.

세상 사람 중 성공한 사람을 보라. 죽도록 힘든 일도 아주 담담하게 해낸 것처럼 보이지만 절대 그렇지 않다. 어떤 일이라도 적극적으로 맞섰기에 훌쩍 일어서진 않았을까.

지금 이 시간에도 어떤 일에 부딪혀 주저앉으시는 분들이 있다면, 힘을 내서 다시 시작하시기 바란다.

골프클럽

60일간의 세무조사

사업을 시작한 지 10여 년이 지난 시점이었다. 고도로 성장에 성장을 거듭할 즈음 국세청 특별 세무조사라는 60일짜리 통보를 받았다. 청천벽력 같은 또 한 번의 시련이 닥쳐온 것이었다.

그해가 2010년도 경, 꿈과 목표를 이루고자 10만여 평 땅을 샀고, 대지 210평에 건평 1천 평의 7층짜리 빌딩을 막 짓고 있을 즈음이었다. 아울러 박사 학위를 취득할 무렵이기도 했다. 로켓 성장이란 말은 이럴 때를 두고 말하나 보다. '진짜 꿈이 현실로 이루어지는구나!' 날마다 행복을 몰고 다녔는데 세상에 내게 세무조사라니.

그때까지만 해도 사업만 열심히 했지 세무에 대해서는 별로 신경을 쓰지 않았다. 당시는 세무서에서 세무사가 세무대리인을 하고 있었을 때였다. 해든마루 건물을 지을 때 아내가 이번에는 자기 앞으로도 해 달라는 것이었다. 당연했다. 아내가 있었기에 지금의 내가 있는 것이었다.

네 돈 내 돈 없이, 아내 통장 내 통장 개념 없이 막 쓰던 그 시절, 청주 세무서도 아닌 다른 지역 세무서에서 반장과 하수인 딱 두 명의 사내가 굳은 표정으로 사무실을 열고 들어왔다. 그리곤 한 5년 치 A4용지 천 매 정도의 통장 거래 내역을 가지고 와선 소명하라는 것이었다. 눈앞이 깜깜했지만 그래도 하룻강아지 범 무서운 줄 모른다고 하면 되겠지 생각했다. 하지만 세상일은 뜻대로 되지 않았다.

당시 돈이 생기면 원룸과 상업용 부지를 단기 매매할 시기였다. 이런 모든 것들이 세무조사 대상이었다. 밥맛이 없었다. 물도 넘어가지 않았다. 하루 이틀 일주일이 지나면서 내 몸은 하루가 다르게 축나가고 있었다. 하나를 소명하면 여운이 지나기 전에 또 다른 소명이 나를 기다리고 있었다. 입이 썼다.

한 달이 가도 제자리걸음이었다. 나중에는 은행에 가서 마이크로필름을 돌려 수표가 어디로 흘러갔나 조사까지 했다. 거짓말한다고 되는 게 아니었다. 국세청 세무조사가 내가 알지 못했던 거래 내역까지도 기억나게 해주었다. 세상의 별이란 별은 모두 내 머리에 떠 있는 것 같았다. 정말 미칠 것 같았다.

가산세와 불성실 신고 자료가 산더미처럼 불어 나갔다. 감당하기 힘든 금액이 나왔다. 나는 계속 답변 자료를 냈다. 하지만 소용이 없었다. 가족들과 회사 직원들은 나만 바라보고 있었고 나는 자칫하면 감당하기 어려운 파문을 불러올 수 있어 24시간 칼날 위에 서 있는 듯한 심정으로 소명자료를 이어나갔다.

단독택지용지 매매 시, 원룸 즉석 매매했을 시 세금계산서를 받지 않은 게 전부 불성실 신고와 가산세로 폭탄 대상이었다. 어마어마한 금액이 또 불어났다. 60일이 다 돼 갔을 때였다. 이만하면 됐다고 생각했는데 웬걸 더 연장해야 한다는 것이었다. 정말 하늘이 무너지는 것 같았다.

어떻게 알고 조사를 하는지 한편으론 신기하기까지 했다. 이제는 별 수 없었다. 내야 하는 돈은 하늘이 무너져도 내야 했다.

그렇게 나는 서서히 마음을 비우는 작업을 했다. 국내를 떠나 외국에서 살고 싶은 절박한 심정이었다. 결국 60일의 대장정은 막을 내렸고 나는 어마어마한 세금을 내야 했다. 한동안 무너진 마음을 추스르는 것도 일이었다.

하지만 이런 엄청난 일을 겪으며 잃은 것만 있었던 건 아니었다. 생

전 알지 못했던 세무 전반적인 것을 확실히 배우게 된 계기가 되기도 했다. 위에서도 언급했지만, 열심히만 해서 돈만 모으면 된다고 생각했지 세금계산서를 끊음으로써 투명하고 확실하게 근거자료를 남겨야 하는지도 알게 됐다. 이후 세무기장 대리인도 세무서에서 회계사로 변경했다.

나는 볼펜 한 자루, 삽 한 자루를 사도 이제는 "확실하게 또 확실하게"를 외친다. 무조건 투명하게, 일부 사람들은 말한다. "돈 벌어 모두 세금으로 다 낸다"고. 하지만 열심히 벌어 직원들과 함께, 또 사랑하는 가족과 함께 행복하게 살아가면서 내가 몸담은 국가에 세금 내는 것도 그리 나쁘지만은 않다. 나라에 작게나마 일조한다고 생각하며 오늘도 나는 이른 아침, 바람을 가르며 출근을 한다.

○

가묘, 부모님을 향한 사랑의 징표

생존해 계시는 우리 부모님께 미리 명당자리를 택하여 '가묘'를 만들어드렸다.

가묘란 가짜 묘지로 가짜라 해서 결코 '속이려는' 의미는 아니란 뜻이다. 사전적 의미로는 '고인을 안치하기 전에 임시로 만든 무덤'을 의미한다. 즉, 빈 무덤. 보통은 친족의 죽음을 대비해 무덤을 미리 조성해놓는 경우 그 빈 무덤을 가묘 또는 허묘(虛墓)라 부른다. 일반적이진 않지만 자신의 죽음을 대비해 자신의 가묘를 직접 준비해 놓는 경우도 있다.

또 이런 예도 있다. 고인의 시신이나 유해가 실종되거나 모종의 이유로 훼손되어 없어졌을 때, 넋을 기리기 위해 건립한 빈 무덤도 가묘라 칭한다. 이 경우는 대표적으로 안중근 의사가 있다. 사형 집행을 당한 후 현재까지도 유해를 찾지 못해 가묘로만 남아 있다. 또 중국 내몽골 자치구에 조성된 칭기즈 칸의 능도 가묘다.

내가 가진 여러 개의 농장 중 하나가 대한민국 다섯 손가락 안에 드는 명당자리라는 걸 알게 되었다. 국내에서 꽤 유명한 역리학자가 직접 농장 방문 후 얘기를 해줬다.

역리학자의 말이 아니더라도 늘 포근한 기운을 느꼈던 옥산면 호죽리의 농장. 이곳에만 가면 개인적으로도 기분이 참 좋다. '아 이런 곳에다 전원주택이나 짓고 살면 좋겠다'고 스스로도 생각했으니까.

그러다 문득 부모님이 생각났다. 선산도 있지만 연로하신 부모님의 가묘를 여기다 만들어드리면 장수하신다는 말을 어디선가 들은 적이 있기 때문이었다. 그래서 만들었다.

지금으로부터 한 6~7년 전, 현재 98세인 아버님께서 91세 당시 막 돌아가실 정도의 병환이 찾아들었다. 병원에 입원해 계신 것을 보고 궁여지책으로 '아버지 산소를 내 농장에 만들어야겠다'는 결심을 했다. 그리고 가묘 작업을 시작했다.

형제들 또한 별 반대를 하지 않았다. 하지만 문제는 집사람이었다. “당신은 막내지 않냐. 거기에 부모님 묘를 해놓으면 후에 우리 아들이 다 젊어지고 고생하게 될 텐데 꼭 이곳에 해야 되겠냐.”고 강한 반대를 표했다.

옥신각신하는 사이 설득을 해나갔다. 그러면서 아내가 한풀 꺾였고, 결국 부모님의 가묘를 완성할 수 있었다. 아내에게는 미안한 마음이 있다.

신기한 일이 일어났다. 병실에 계신 아버님께 “제 농장이 대한민국에서 다섯 손가락 안에 드는 명당자리랍니다. 제가 그곳에 아버님의 가묘를 만들어놨어요. 얼른 쾌유하셔야 어머님 모시고 함께 가보지요”라고 조심스레 말씀드렸다. 그 말을 들으신 당신께서는 얼마나 기뻐하셨는지 모른다.

정말 거짓말처럼 아버님이 퇴원을 하게 됐고, 나는 부모님을 모시고 가묘가 있는 농장으로 달려갔다. 정말 기뻐하시던 두 분의 모습. 그날 나는 덩달아 얼마나 행복했는지 모른다.

오늘은 유난히 ‘어버이 은혜’ 가사가 뇌리에 스민다.

나실 제 괴로움 다 잊으시고
기를 제 밤 낮으로 애쓰는 마음
진 자리 마른 자리 갈아 뉘시며
손 발이 다 닳도록 고생하시네
하늘 아래 그 무엇이 높다하리오
어머님의 희생은 가이 없어라

어려선 안고 업고 얼려주시고
자라선 문 기대어 기다리는 맘
앓을사 그릇될사 자식 생각에
고우시던 이마 위에 주름이 가득
땅 위에 그 무엇이 높다 하리오
어버이의 정성은 지극하여라

사람의 마음속엔 온가지 소원
어바이의 마음속엔 오직 한가지
아낌없이 일생을 자식 위하여
살과 뼈를 깍아서 바치는 마음
이 땅에 그 무엇이 거룩하리오
어머님의 사랑은 그지없어라

○

세 번째 스무 살, 다시 청춘 시작!

'태어난 간지의 해가 다시 돌아온다'는 환갑(還甲)을 맞았다. 배고팠던 시절이 엊그제 같은데 벌써 인생 2막을 시작하라니. 그렇지만 절기에 순응하듯 사람 역시 부질없는 욕심을 버리고 주어진 인생 속에서 또 다른 삶을 위해 최선을 다해 살아야 한다. 그게 인생이다.

運七技三(운칠기삼), 사람이 살아가면서 일어나는 모든 일의 성패는 운에 달린 것이라는 말이다. 그렇다면 나는 참 운이 좋은 사람이었다. 목표를 정하면 정하는 대로 척척 실타래가 풀리듯 풀려나갔다.

이 모든 것은 결코 내가 잘 나서 그런 게 아님을 누구보다 잘 안다. 내게는 사랑하는 가족들과 주위 사람들, 부모님, 형제 등등 모두가 하나

되었기에 가능할 수 있었다.

큰 선물을 받았다. 사랑하는 가족들이 환갑을 축하한다며 기념패를 건네줬다.

〈아버지의 삶을 존경합니다〉

"환갑을 축하드립니다"

40여 년 동안 한길을 묵묵히 걸어오시며 젊음과 열정을 헌신하신 아버지, 우리 가족을 위해 그 누구보다 성실하게 일하시며 흘린 땀과 눈물을 저희는 감히 짐작할 수 없습니다. 이제는 모든 걱정 내려놓으시고 어머니와 함께 더 욱더 빛나는 인생을 맞이하실 수 있도록 사랑하는 가족이 응원하겠습니다.

우리 가족의 영원한 자랑이며, 든든한 버팀목인 아버지.

아버지가 펼칠 제2의 인생은 이제 저희가 버팀목이 되어 드릴게요. 환갑을 진심으로 축하드리며 지금처럼 행복하고 건강하게 오래오래 저희 곁에 계셔 주세요. 아버지 사랑합니다♥

2022년 1월 26일

사랑하는 가족 올림

가슴 따뜻한 글을 읽으며 울컥했다. 정말 제2의 인생이 누구보다 행복할 것 같다. 내가 이 가족이 없었으면 어떤 힘으로 지금껏 버티며 달려왔을까. 사랑하는 사람들이 있었기에 열심히 노력했고 하는 일마다 뜻대로, 바라는 대로 이룰 수 있었으리라.

무일푼의 사회 초년생이 사업에 뛰어들었고, 그나마 직장생활에서 자그마한 돈을 모아 사업을 시작했을 때 지금의 나를 어찌 감히 상상이나 했겠는가. 그때는 대한민국 이 넓은 땅에 나를 위한 땅이라곤 단 한 평도 없는, 건물은 꿈도 꾸지 못했던 일들 아니었나.

하지만 시간이 흐르면서 신은 내 편이 되어 주었다. 물 들어올 때는 뱃사공이 되어 물질이 잡히도록 노를 저었다. 그런 바쁜 와중에도 어려운 분들이 있으면 사심 없이 도와줌을 게을리하지 않았다. 아픈 사람들이 있을 땐 주어진 여건대로 행하기도 했다. 어쩌면 이런 것들이 모여 주변 사람들의 도움과 조상님들의 은덕이 함께 나를 따라와 주었는지도 모르겠다.

우리 집 대장 아빠
'생신 진심으로 축하드립니다'
매일 아침 제일 먼저 이 문을 열고 하루를 시작하는 아빠,
슈퍼맨 같은 아빠가 너무 든든하고 자랑스럽습니다.
세 번째 스무 살, 다시 청춘 시작! 이제부턴 즐기며 사세요♥
우리는 아빠의 가족이어서 너무 행복합니다.
건강히 오래오래 사세요.
사랑합니다!
– 온 가족 일동

3부

배움을 얻으려 하는 사람이 현명한 사람이고
자기 자신을 억제하는 사람이 강한 사람이며
자기 소득에 만족을 느끼는 사람이 주자이다.

탈무드

조경인으로
초석을 다진 시간들

세상을 살아보니 누구를 만나느냐에 따라 인생이 달라지는 것이 아니라 '그냥 달라진다'는 명쾌한 해답을 발견했다.

미생이란 드라마가 2014년 안방극장을 뜨겁게 달구었다. 바둑이 인생의 모든 것이었던 장그래가 프로인 반에 들어가는 걸 실패한 후 냉혹한 현실에 던져지면서 벌어지는 이야기를 그린 드라마다.

오상식 역의 이성민 씨가 했던 대사가 뼈를 때렸다. "파리 뒤를 쫓으면 변소 주변이나 어슬렁거릴 거고 꿀벌 뒤를 쫓으면 꽃밭을 함께 거닐게 된다잖아". 그러자 장그래는 이야기한다. "아 그래서 저는 지금 꽃밭을 걷고 있나 봅니다."

빌 게이츠도 자신의 고등학교에 컴퓨터가 없었으면 MS도 없었을 것이라 했다. 스티브 잡스도 워즈니악이 없었으면 애플을 창업하지 못했을지 모른다.

내게도 그런 시간이 있었다. 신성한 국방의 의무를 다하고 있는 와중에도 늘 끊임없이 미래를 생각하며 '어떻게 해야 멋진 인생을 살 수 있을까?'를 고민했다. 군대를 제대하며 내가 걸어가야 할 삶의 지표를 바로 세우기 위해 우선해야 할 것이 꿈과 목표를 세우는 일이었다.

제대 후에는 휴식도 없이 바로 아주 작은 '국도조경' 회사를 찾아갔고, 그곳에서 내 꿈의 길에 한발 한발 다가갈 수 있는 토대를 마련했다. 사장님이 직접 현장 일을 하셨는데 나는 사장님을 따라다니며 배관공사도 하고, 직접 나무 전정도 하면서 조경을 배워나갔다. 심지어 분수를 만들기 위해 리어카에 시멘트 공구리를 비벼서 연못을 만들기도 했다.

구슬땀을 흘리며 일하는 나를 당시 사장님은 굉장히 성실하게 보셨던 모양이다. 하지만 회사 여건상 1년도 채 되지 않아 그만두게 되었고, 대한민국 최고의 기업인 '한림종합조경' 조경기사로 입사를 하게 됐다. 열심히 했던 보람이 서서히 나타나기 시작한 것이다.

그때가 1986년이었다. 서울 공군사관학교가 청주로 이전을 하면서 내가 몸담았던 한림에서 수주를 하게 됐다. 사장님 밑에서 기사로 2년간 열심히 배우며 익혔다. 소나무 이식하는 방법이 너무 신기했고, 나무를 아끼고 사랑하는 모습과 그 속에서 최선을 다해 다양한 업무를 익히는 나날들이 이어졌다. 아마 그게 없었다면 오늘의 내가 소나무홍이 되지 못했으리라.

2년간의 공사가 마무리되면서 서울 본사로 발령이 나게 됐다. 갑자기 눈앞이 깜깜했다. 당시 월급이 20만 원. 그것으로 서울 생활을 하기에는 턱없이 부족했다. 고민에 고민을 거듭하다 결국 서울행을 포기하고 대기업을 퇴사하게 됐다. 괜히 사표를 썼나 후회도 했지만 어쩔 수 없는 선택이라 빨리 잊고 다시 취직자리를 구하러 다녔다.

당시 청주에는 무면허 일반사업자가 운영하는 조경회사가 네 군데가량 있었던 것으로 기억한다. 취직자리를 구한다는 소리를 들었는지 청주 시내에서 '청주농원'을 운영하신 신현옥 사장님께서 만나자는 기별이 들어왔다. 얼마나 기뻤던지 지체 없이 그곳에서 다시 나의 보금자리를 틀었다.

내가 몸담았던 청주농원은 농장을 임대하여 묘목을 심고 키워 판매하는 소매판매장이었다. 조경기사로 취직한 나는 설계 외에도 공장조경, 회사조경, 아파트조경으로 영역을 확장하며 회사와 함께 성장하게 됐다.

작년에 작고하신 고 신현옥 사장님께서는 조경인으로 살아갈 수 있도록 나의 인생 전반을 디자인해주셨다고 해도 과언이 아니다. 성실하신 사장님을 만나 2년간 휴일 없이 12시간 이상씩 일을 해나갔다. 그래도 일이 힘든 줄 모르고 근무했던 것 같다.

이 자리를 빌려 하늘에 계신 사장님께 감사하다는 말을 꼭 전하고 싶다. 덕분에 성공한 삶을 살고 있노라고.

사기,
친절함 속에 숨겨진 얼굴

사기를 당해본 많은 사람은 말한다. "그 순간 뭐에 씌었던 것 같았다"고. 다시 곱씹어 봐도 억울함 때문에 정신이 아찔하다. 사기를 당해 절망의 나락으로 빠졌을 때 만약, 희망이란 끈마저 없었다면 어떻게 살아낼 수 있을까.

처음 조경사업을 시작했을 당시는 내 나무라곤 단 한 포기도 없고, 전부 구입해서 써야 하는 실정이었다. 농장을 갖는 것이 꿈이 될 정도로 조경업에서 나무는 보물이었다.

사업을 시작한 지 2년이 채 안 된 1990년 초반, 아끼고 아낀 돈을 긁어모아 남이 키워놓은 밭을 그야말로 '밭떼기'로 샀다. 한 주 한 주 사는 것보다 저렴하게 살 수 있으니 금전적으론 훨씬 이득이었다. 예를 든다면 느티나무 1주에 5만 원이라면 밭 전체를 사면 반값에 살 수 있으니 그만한 이득이 또 어딨겠나.

조경 용어에서 나무를 소개해주는 사람을 일명 '나까마'라고 한다. 물론 일본말이긴 하다. 그래도 이 업계에서는 흔히 쓰는 말이다. 나까마가 어느 날 "느티나무밭이 하나 있다"고 소개를 해주는 것이었다. 부랴부랴 달려갔더니 아니나 다를까, 한참 떨어져 있는 곳에 좋은 느티나무 한 밭떼기가 있지 않은가. 뒤도 돌아볼 것 없이 어렵게 준비해 온 돈을 주며 주인과 계약을 했다. 저렴한 가격으로 밭떼기 채 샀으니 이제부터는 나무 걱정은 붙들어 매도되고, 이득도 많이 날 것 같아 기분이 매우 좋았다.

시간이 지나 나무를 캐기 위해 밭으로 갔고, 열심히 나무를 캐고 있는데 저 멀리서 누군가가 고래고래 소리를 지르며 달려오고 있었다. "이 밭은 내 밭인데 왜 당신이 와서 나무를 캐느냐?"며 막무가내로 소리를 치기에 "이건 내가 한 달 전에 밭떼기로 샀다. 여기 계약서도 다 가지고 있다"고 맞받았다. 상대는 코웃음을 치며 그 나까마는 사기꾼이라는 게 아닌가.

하늘이 무너지는 듯했다. 다리가 휘청거려 제대로 서 있을 수가 없었다. 어렵게 정말 어렵게 모은 돈으로 나무를 샀는데 고스란히 사기를 당한 것이었다. 그 사람 전화번호와 주소, 집 자체도 모두 엉터리였음을 그때야 알게 됐다.

그 사람을 찾을 방법이 아무 곳에도 없었다. 어느 다방에 앉아서 계약을 썼는데도 그들 또한 모르는 사람이었고, 심지어 그 사람을 내게 소개해 준 사람조차도 그 사람을 모른다는 것이었다. 그렇다고 당시는 현금을 주고받는 거래 형태 시절이라 근거 자체가 남아 있지 않았다. 다각적으로 노력을 기울였지만, 도저히 찾을 방법이 없어 결국 포기해야 했다.

뼈 빠지게 모은 3년 치 금액을 삽시간에 잃어버리고 있자니 하늘이 무너지는 고통이 엄습했다. 망연자실 서 있자니 가족들 얼굴이 제일 먼저 눈앞에 스쳐 지나갔다. 오늘 하루도 아이와 시달리며 남편만을 기다리는 내 아내와 아들의 안녕과 성공을 기원하는 부모 형제들. 한참 서 있다 돌아서 나오는데 다리가 땅에 박힌 듯 걸음조차 휘청거렸다.

그것이 교훈이 되어 사업을 하는 데 있어 큰 도움이 됐다. 지금도 나는 돌다리도 두들겨 보고 건너라는 속담처럼 열 번이고, 스무 번이고 확인하고, 재차 확인하는 습관이 생겨 버렸다.

나무를 사고팔 때는 물론, 땅을 거래할 때, 무슨 물건 하나를 사고팔 때도 항상 확실하지만 한 번 더 되짚어보는 습관이 생겼다. 그 후로 지금까지 그렇게 허술하게 계약을 하거나 나무를 산 적은 단 한 번도 없었다. 그때의 경험치가 살아오면서 더 큰 것을 가져다준 셈이었다.

잘 속는 사람들의 심리 코드를 정확히 알고 파고드는 몹시 나쁜 사기꾼들, 이 세상에 발붙이지 못하도록 해야 하려면 적어도 속는 사람이 없어야 하는 게 진리다.

그들은 어떤 이의 욕망과 불안을, 어떤 이의 기대와 믿음, 선의를 정확히 겨눈다. 그렇게 쉽게 번 돈으로 그들의 하루는 어떤 모습일지, 선한 얼굴 속에 숨겨진 악마성을 현명하고 지혜롭게 파악하고 다시는 그런 범행을 저지르지 못하도록 해야 할 것이다.

ㅇ

소나무를 사랑한 남자

나의 닉네임은 소나무다. 언제부턴가 나는 소나무를 아주 좋아하고 있었다. 거대하게 자란 노목은 장엄한 모습을 보이고, 눈서리를 이겨내는 푸른 기상은 곧은 절개와 굳은 의지를 상징한다.

소나무는 우리의 문화라고 해도 과언이 아니다. 어렵고 힘든 시절, 우리의 어머니들은 잎을 뜯어 송편을 만들었고, 가난했던 시절에는 소나무 껍질을 벗겨 배고픔을 달래기도 했다.

1434년 경상도 진제경차관(賑濟敬差官)이 올린 "구황식품으로써 상수리가 가장 좋고 다음이 송피이옵니다. 기민(飢民)이 소나무껍질을 벗겨 식량으로 하도록 허가하여 주옵소서"라는 대목으로 보아 소나무 껍질이 굶주린 백성을 연명시키는 데 도움을 준 사실을 짐작할 수 있다.

소나무 줄기의 껍질뿐만 아니라 뿌리의 껍질도 식품으로 이용되었다. 「본초강목」에도 근백피(根白皮)는 목피(木皮) 또는 적룡피(赤龍皮)라고도 하는데, 독이 없으며 벽곡(辟穀)주로 쓰인다는 기록이 있다.

이처럼 소나무는 버릴 것이 하나 없다. 나는 현재 소나무로 집을 지어 살아가고 있으며, 목숨이 다하는 그날에는 소나무 관에 들어가 편안한 안식을 취할 것이다.

내가 아는 바로 이런 소나무가 조경수로 많이 쓰이기 시작한 건 1988년 올림픽 때부터였다. 당시만 해도 소나무를 이식한다는 것은 거의 불가능했다. 10주를 옮겨 심으면 겨우 한두 주 살고 거의 죽어버리곤 했으니까.

1985년도 한림종합조경 근무 시, 우리 그 회사는 공군사관학교 현장에 소나무를 옮겨 심는 조경공사를 맡았다. 하지만 워낙 생명력이 없으니 그의 실패를 봤다. 그 후부터 '소나무는 이식하면 안 된다', '잘 살지 못한다'는 이상한 낙인이 찍혀버렸다. 조경수로는 그만한 나무가 없는데도 말이다. 소나무로써도 상당한 불명예였을 것이다.

개그 소재도 있다. "대한민국에 안 되는 게 어딨니?" 어느 순간 소나무의 불명예를 삽시간에 씻어버리는 일이 일어났다. '옮겨도 잘 사는 소나무'가 새롭게 탄생한 것이다.

비법은 간단하다. 분을 잘 떠서 이식하고 난 후 살충제를 뿌려주면 된다. 예전에는 소나무를 옮길 때면 영락없이 막걸리도 줬던 기억이 있다. 소나무를 옮기면 수세가 약해져서 좀이 먹는다. 이때 바로 살충제를 독하게 일주일 간격으로 세 번만 풀어주면 거의 100% 산다.

가장 아름답고 비싼 소나무, 이 나무가 없으면 조경공사를 할 수 없을 정도로 주목받고 있는 게 바로 소나무다. 나 역시도 소나무가 좋다. 하다못해 닉네임으로 소나무를 쓰고 것만 봐도 알 수 있을 것이다.

하지만 안타깝게도 소나무에는 솔잎혹파리와 소나무재선충이 많다. 그중에서 혹파리는 방제가 되고 있지만, 재선충은 여전히 방제되지 않아 한번 걸리면 베거나 훈증 처리하여 소각하고 있다.

전문가 의견에 따르면 앞으로 100년 후에는 산림 중 소나무가 없어질 거라는 통계도 나와 충격을 주고 있다. 잘 가꿔진 공원이나 정원에 식재된 소나무만 살고 야생 소나무는 지구 온난화와 활엽수에 치어 자꾸 줄어드는 추세다. 예전만 보더라도 산림의 70%가 다 소나무였는데…….

전 세계에서 특히 한국인들이 가장 사랑하는 소나무, 영원토록 변치 않는 절개와 지조의 상징 소나무, 가는 길이 비록 힘들지라도 두려워 않고 영원토록 함께 인간과 살아가기를 소망해본다.

○

JC를 만나고, 골프에 미치다

누가 내게 취미와 특기를 묻는다면 나는 단연코 골프라고 말을 한다. 30대 중반에 처음 JC에 몸담았고, 그곳에서 골프를 접하게 됐다. 한마디로 청주시에서 가장 잘나간다는 사람들만의 집합 장소가 바로 그곳이었다.

사단법인 한국청년회의소(일명 JC)는 1951년 전쟁으로 폐허가 된 조국을 JC운동으로 재건하자는 숭고한 정신 아래 탄생되었다. 무엇보다 70년 역사 속에서 순수한 청년의 열정과 패기로 조국의 발전과 역사를 함께하며 대한민국을 대표하는 청년단체였다.

특히, 한국JC는 '조국의 미래, 청년의 책임'이라는 대명제를 가슴에 새기며 전통의 가치를 확립하고 공동의 목표를 향해 나아가고 있었다.

그곳에서 활동하며, 30대 중반부터 필드에 나갔다. 하지만 골프라는 운동은 온종일 시간을 빼야 하는 운동이었다. 내겐 이제 겨우 걸음마 하는 1인기업 회사가 있지 않은가. 그곳 회원들은 거의 모든 사람들이 부모의 재력이 탄탄한 이른바 재벌 2세들이었다. 황새가 뱁새 쫓아가다 가랑이 찢어진다는 속담이 그대로 적중했다.

그럼에도 단 한 번도 회의에 빠지지 않았고, 그들의 생활상과 성공의 비결, JC의 모토를 하나하나씩 배워나갔다. 때론 외톨이 같다는 생각을 했지만 그럴수록 더욱더 묵묵히 맡은 바 책임을 완수하며 자기계발에 힘썼다.

1인 청년사업가답게 '돈이 없지, 가오가 없나'라는 두둑한 배짱이 발동되던 시기였다. 1996년도에 겨우 한두 번 골프를 치고 나서 2~3년을 쉬다 어느 정도 사업이 제 궤도에 오르면서 직원을 채용하고 다시 필드로 나갔다. 그리고 40대부터는 오롯이 골프에 전념할 수 있었다.

고백하자면 나는 매사 열심히, 그것도 아주 끝을 보는 성격이다. JC를 통해 만난 골프가 그렇게 좋을 수가 없어 아침에 골프 치고 퇴근 후 저녁에 다시 연습을 하고, 몇 년 동안 365일 하루도 빠지지 않고 연습장에서 살다시피 했다.

1년 만에 70대 싱글 골퍼가 됐고 SBS 고교동창배 골프최강전에 나가 4강까지 진출하는 기염을 토했다. 그뿐만이 아니다. 지금은 청주시가 됐지만 당시는 청원군 대표로 도민체전에 4년간 나가 프로선수들이나 치는 4언더파도 쳐봤다.

어쩌면 골프를 너무 사랑했기에 당시 농장에다 지금의 파인파골프클럽을 만들었는지도 모르겠다. 현재도 시간만 나면 여가 활동을 골프로 하고 있다.

돌이켜 생각하면 내 인생에서 골프가 빠졌다면 어떤 삶을 살아가고 있을까. 물론 사업을 하면서 살아갈 테지만 삶의 질이 떨어졌을 게 자명하다.

내게 "당신의 인생은 뭐냐?"고 묻는다면 나는 망설이지 않고 "골프"라고 대답할 것이다. 인생과 골프를 비교해 보면 정말 똑같다.

잘될 때 있고, 안 될 때도 있고, 내리막이 있으면 오르막이 있고. '잘되는구나! 이제 더 이상 배울 게 없구나!'라고 생각할 즈음에 문득 슬럼프에 빠지기도 하고. 곳곳에 걸림돌이 있는 것도 우리네 인생이다. 참 묘한 운동이 아닐 수 없다.

지난 6월 동아일보에 '한국 골프 인구 564만 명…사상 처음으로 일본 추월'이란 글이 실렸다. 대한민국의 골프가 이렇게 성장할지 누가 알았겠는가.

한국의 골프인구가 일본의 골프인구를 사상 처음으로 추월했다. 한국레저산업연구소가 최근 발간한 '레저백서 2022'에 따르면 한국의 골프인구는 지난해 564만명으로 2019년보다 94만명 늘어났지만, 일본의 골프인구는 2020년 520만명으로 전년보다 60만명 감소한 것으로 조사됐다.

한국의 골프인구는 2009년의 293만명에서 2019년에는 470만명으로 증가했고, 코로나19 사태가 발생하면서 골프인구가 564만명으로 급증했다.

즉 한국은 전체 국민의 10명중 한명이 골프를 치지만 일본은 우리나라의 절반인 20명중 한명이 골프 친다고 해석할 수 있다.

한국의 연간 골프장 이용횟수는 지난해 8.8회로 2019년보다 0.5회 늘어났지만 일본의 14.9회보다 6.1회 적었다. 이는 한국의 골프장수 부족과 비싼 그린피가 주된 원인인 것으로 레저산업연구소 측은 분석했다.

전체 골프인구 중 여성골퍼의 비중을 보면, 한국이 25.5%로 일본의 19.3%를 6.2% 포인트 상회했다. 특히 한국의 20대 여성골퍼들의 골프장 이용횟수가 연간 16.3회로 2019년 1.3회보다 15.0회 급상승했는데, 이는 해외여행길이 막히면서 경치 좋고 사진 찍기 좋은 골프장을 많이 찾는 마니아들이 늘어났기 때문이다. 다음으로 60세 이상의 남성은 11.1회, 50대 남성 9.8회, 40대 여성과 60대 이상의 여성이 각각 8.2회 순으로 나타났다.

골프 그리고 사업

골프는 이제 일부 특권층의 놀이가 아닌, 대한민국 경제 발전으로 경제적 여유가 생긴 많은 국민이 함께하는 대중적 운동으로 발전되어 가고 있다. 특히 골프장 개수도 경제 대국의 위상에 걸맞게 세계 8위를 차지하고 있다. 이 시점에 국민건강에 크게 이바지하고 있는 골프에 대하여 좀 더 살가운 시선으로 바라봤으면 하는 바람이 간절하다.

지금부터 술과 골프의 연관 관계를 내 기준에 비춰 고백하고자 한다. 술은 내게 너무 먼 당신이다. 나는 술은커녕 음주 가무를 전혀 하지 못한다. 심지어 박카스만 먹어도 얼굴이 빨개지는 특이 체질이다. 오죽하면 남들이 나를 보고 "어떻게 사업을 하느냐?"고 의구심을 가지기도 했다.

지금으로부터 25년 전으로 거슬러 올라간다. 당시만 해도 술자리 공사가 다반사였다. 그렇다 보니 술은 전혀 하지 못하지만 그렇다고 멀리하지도 못하는 것이 바로 나였다. 술집에서 상대를 만나면 "술 못 먹는다" 소리를 하지 못하고 술을 마시는 것처럼 마술을 부려가면서 술자리를 이어나갔다.

즉, 술을 똑같이 잘 마시는 것처럼 음료수와 술을 바꿔치기하면서 교묘히 술을 마시는 척 연기를 했다. 나중에는 맨정신이지만 술 취한 척도 해보고 비틀거려 보기도 했다. 사실 조경업을 하면서 그렇게라도 버티기 작전을 해야만 했던 게 당시 사회적 관념이었다.

하루는 멧돼지를 잡았다는 지인의 초대로 지인의 집에서 술자리를 갖게된 적이 있다. 문제는 술을 버릴 곳이 마땅치 않았다는 거다. 바꿔치기도 할 수 없는 상태. 어쩔 수 없이 그날은 정말 소주 두 잔을 먹고야 말았다. 그리곤 나는 인사불성이 됐고 모든 것은 하늘의 뜻에 맡길 처지였었다.

상대가 깜짝 놀라 "어떻게 된 거냐?"고 물었고, 나는 어쩔 수 없이 사실 그대로 이야기를 할 수밖에 없었다. "술을 먹지 못해서 지금까지는 술 먹는 시늉을 하고 이리저리 바꿔치기를 했다"라고. 상대가 깜짝 놀라서 "정말 그랬냐"며 감탄을 했다. 그동안의 노력이 가상하다 생각해서였는지 그 이후 나를 많이 밀어주며 사업파트너가 됐다.

PING

시간이 흘러 술 다음으로 골프 접대가 주를 이뤘다. 나는 골프를 잘 치는 사람인지라 상대를 만나면 자유자재로 비슷한 실력인 듯 상대를 즐겁게 해주기에 이르렀다. 내 실력이 월등히 좋아도 절대 보조를 맞췄지, 앞서가지 않았다. 심지어 너무 잘 치면 상대가 또 싫어하는 경우가 많아 의도적으로 퍼팅 실수를 하며 몇 번을 져주기도 했다.

그러던 차에 상대가 이런 수를 눈치채고 말았다. 이제 그 수는 먹히지 않아 다시 머리를 짜기 시작했고, 그 후부터는 다른 수를 쓰기로 했다. 투온을 시킬 수 있는 거리인 100미터가 남았으면 일부러 좀 더 작게 70미터 또는 80미터를 쳐서 벙커에다 넣고 벙커 샷을 한 번 더 해서 보기플레이를 했다. 이것은 어디까지나 상대방을 즐겁게 해주는 식이었다.

이것이 적중하여, 당시 현장 소장님이 특히 이뻐해 주셔서 현장 운영함에 많은 협조도 해주었고, 또 다른 공사 현장의 소장을 소개해주기도 했다. 그때는 정말이지 매주 골프 접대를 했다. 그로 인해 많은 수주를 받았음을 고백한다.

이렇듯 골프는 예나 지금이나 사업에 있어 상대방을 즐겁게 해주는 효자종목이다. 특히 한두 타 치는 실력으로 내기를 했을 때 상대방은 스릴 비슷한 느낌을 받는다. 남자에게 게임은 천하제일 짜릿한 승부다. 골프와 사업, 사업과 골프, 이는 떼려야 뗄 수 없는 사업 성공 파트너다.

일본의 조경시설에 반하다

조경을 말할 때 일본을 빼놓을 수 없다. 너무도 자연적인 아름다움에 인간의 감각적인 센스가 더해진 일본 정원은 누가 봐도 자유분방한 가운데 기발한 상상력이 돋보인다.

얼마 전, 역사적으로 봤을 때 일본의 무장이자 정치가로 일본 통일을 이룩했으며 임진왜란을 일으킨 모모야마 시대 실권자 도요토미 히데요시의 정원에 관한 글을 읽은 적이 있다.

그는 전쟁과 대지진으로 풀 죽어 있는 세상에 활기를 불어넣고자 7천 그루의 벚나무를 먼 거리에서 옮겨다 심었고, 건물을 새로 지었으며 연못을 파 섬을 만들어 다리를 놓았다고 한다. 또 자연경관을 돋보이게 하려면 사원 건물을 통째로 옮겨 놓기까지 했단다.

화룡점정으로는 새로 지은 집이 오래된 고택으로 보이게 하고 싶어 고목부터 이끼와 작은 돌 하나까지 가져다 옮겨 놓는 정성을 기울였다. 이처럼 일본의 정원은 이런 일련의 과정에서 인간의 열정을 담으면서 최고의 자연스러움과 자연스러운 모습을 만들어 냈다. 그래서 사람들은 일본의 정원을 두고 아주 특별함을 가지고 있다고들 말하는지도 모르겠다.

나 또한 1990년대 초반 일본의 조경산업을 보며 눈이 휘둥그레진 적이 있었다. 한국JC에 가입하고 처음 신입 회원으로서 일본행 비행기에 올랐다. 한국JC와 일본 가사히JC는 당시 자매결연을 맺은 상태였다. 돈 있는 사람들의 특권처럼 다니던 해외여행 길에 내가 동행하자니 감회가 새로웠다. 짧은 비행을 마치고 시골 청년이 일본 공항에 도착했다. 우리나라와 일본의 격차는 대략 15년 이상 차이가 났던 시절이었다.

조경은 두말할 것도 없다. 떠날 때부터 이미 내게는 복안이 있었다. 조용히 일본 가사이JC 회장에게 다가가 “나는 한국 청주에서 조경업을 하고 있으니 현재 일본 조경 현장의 모습을 보고 싶다”라고 부탁했고 그는 나의 부탁을 기꺼이 들어주었다.

회원들과는 별도로 혼자 회장이 소개해 준 조경회사 몇 군데를 다녀

장 66 계산동 Kyesan-dong
310 일 산 Ilsan
OP 1002 시 청 City Hall
姉妹JC 加西青年會議所
清州青年會議所
迎

오던 날 나는 밤새 잠을 이룰 수 없는 흥분 상태였다. 낮에 본 조경 회사의 풍경들은 한마디로 입을 쩍 벌리게 할 정도로 앞서 있었다. 우리나라가 노지 재배를 할 때 일본은 포트 재배뿐만 아니라 하우스 재배를 하고 있었고, 우리가 삽으로 나무를 캐고 곡괭이로 나무를 심을 때, 일본은 이미 현대식 기계화가 도입되어 있었다. 대략 15~20년의 격차가 있었던 것 같다.

그 당시 가장 정말 놀랐던 것은 미니 포크레인으로 나무를 굴취하는 현장이었다. 얼마나 신기했던지 마치 꿈을 꾸고 있는 것 같이 소름이 돋았다. 그 후 JC에 몸담으면서 매년 일본으로 건너갔고 갈 때마다 나는 짬을 내어 그 나라 조경회사의 노하우를 배워 우리나라로 돌아와 접목하려고 노력했다.

자연을 다듬고 인공적인 것과 결합하면서 새로운 멋을 만들어 내는 일본의 조경사업은 갈 때마다 충격이었다. 특히 자연적인 아름다움에 인간의 감각적인 센스가 더해지는 일본의 정원산업에 혀를 내둘렀던 것 같다.

오늘도 나는 충북조경건설 회사 간판을 바라보며 감회에 젖는다. 그때의 열정은 다 어디로 갔을까. 그래도 믿는 구석이 있어 한 발짝 뒤로 물러서서 바라보아도 그리 걱정은 되지 않는다. 다만 내 아들이 아비의 뒤를 이어 끊임없이 고민하고 열과 성을 다해주리라 믿기 때문이다.

○

1종드론운전면허 합격!

제4차 산업혁명은 세계경제포럼의 창시자인 클라우스 슈바프(Klaus Schwab)가 2015년에 '포린 어페어'의 기고 글을 통해 주장한 개념이다. 2016년 1월 20일 스위스 다보스에서 열린 세계경제포럼에서도 '슈바프' 스스로가 키워드로 제시하여 그 개념이 전 세계로 널리 퍼져나갔다.

기계학습과 인공지능의 발달로 인한 산업의 변화를 가리키는 말임에도 불구하고, 그 정의는 아직 명확하지 않아 그 실체가 불분명하다는 논란이 존재한다. 여태까지의 산업혁명은 이미 역사에서 이루어진 것을 토대로 평가하여 산업혁명이라 불렀지만, 4차 산업혁명의 경우에는 아직 일어나지 않은 변화에 대하여 미래 추측적인 표현을 사용하는 것이기 때문이다.

국내에서는 관련 번역 도서가 간간이 들어오는 정도였으나 2017년부터 19대 대선을 앞두고 여러 대선 주자들이 '4차 산업혁명'을 강조하면서 인지도가 크게 올랐다. 문재인 정부 시절 제4차 산업혁명 위원회가 만들어지기도 했다.

그렇다면 제4차 산업혁명 시대의 핵심은 도대체 뭘까. 아마도 대표적인 것이 바로 인공지능이 아닐까. 기술과 산업의 발전 속도는 더욱 가속화됐다. 그에 따라 일상생활과 직업 세계에도 많은 변화가 뒤따랐다. 이 변화를 어떻게 준비하느냐에 따라 기회가 될 수도 있다고 본다.

기술 진보로 인류 전체 삶의 질을 높일 4차 산업혁명. 그 큰 파도 속에서 미래 인재가 준비해야 할 능력과 자세는 무엇일까 생각하다가 드론을 발견했다. 나이가 들어가면서 자꾸 드론에 관심이 생겼다.

지난해 가을, 청주시청 평생교육원에서 드론 3종 과정이 개설됐다. 운 좋게도 높은 경쟁률을 뚫고 지원자 중 열다섯 명에 합격하여, 한 달간 배움의 기회를 얻을 수 있었다. 3종 드론 자격과정은 취미 드론 과정과 사진 촬영 드론 과정으로 나뉘어 있었다.

한 달이란 시간은 참으로 빨리도 다가왔다. 강좌가 끝나는 날, 교관님이 "1종에 도전해보라"는 말을 했다. 젊은 친구들에 비해 나이는 연장자이지만 그렇다고 포기할 내가 아니었다. 결국 그들과 함께 1종 드론 비행에 도전했다.

막상 과정에 들어와 보니 눈에 보이는 사람들은 대부분 젊은 친구들이 많았고, 나처럼 나이 많은 사람들은 별로 보이지 않았다. '그래, 한 달간 20시간 비행 경력을 가지고 1종에 도전해보자. 해보면 뭐든 되겠지' 당당히 도전했지만 단번에 불합격을 받았다. 이미 예상은 했었지만 그래도 섭섭했다. 낙방은 늘 속이 쓰린 법이다.

젊은 친구들은 손놀림이 워낙 유연하고 좋아서 바로 합격하는 것을 봤다. '아, 역시 나이는 속일 수가 없구나'를 다시 한번 뼈저리게 느꼈다. 그 와중에 오기도 생겼다. 안 되면 되게 하라. 노력하는 자 앞에는 안 될 것이 없다는 지극히 당연한 이론을 떠올리며 다시 도전에 박차를 올렸다.

꽃샘추위로 온몸을 움츠리게 만드는 3월이 시험이었다. 한파가 휘몰아치는 일이월, 추운 눈보라 속에서 두꺼운 장갑을 끼고 드론을 날리고 또 날렸다. 세찬 바람이 불어 드론을 날리는 것이 여간 힘든 싸움이 아니었다. 지금 생각해도 정말 어려운 난관이 바로 한겨울이었다. 손이 얼어 터졌다. 손끝의 감각에 의존해 운행해야 하는 드론 비행이 일반 운전면허보다 몇 배는 힘든 시간이었던 것 같다. 자동차 면허야 코스만 잘 익혀서 치면 되지만, 드론은 바람과 햇빛의 영향을 받으니 이것이 마음대로 되지 않았다.

겨우내 드론장에서 하루에 한두 시간씩 꼬박 연습을 하며 시간을 보냈다. 눈이 오나 바람이 부나 학원에서 실기에 온몸을 받쳤다. 나이 들어 드론에 미치기는 참 드문 일이었다. 지성이면 감천이라고 했던가. 3월 시험에서 드디어 합격의 영광을 안았다. 1종 드론 국가자격증 합격! 나름 뿌듯한 마음 가눌 길이 없었다.

힘들게 자격을 얻은 만큼 산행을 하면서 좋은 경관을 드론 촬영을 통해 담아볼 생각이다. 생각만으로도 행복하지 않은가.

정치인을 꿈꾸다

존 F. 케네디 대통령은 61년 취임 연설에서 유명한 말을 남겼다. "조국이 당신을 위해 무엇을 할 수 있는지 묻지 말고 당신이 조국을 위해 무엇을 할 수 있는지 물으십시오"라는 뉴 프런티어(New Frontier) 정신을 주장해 미국 국민들에게 영감을 줬다.

정치인(政治人, Politician)은 정치(政治, Politics) 곧 국가의사결정에 최상위 결정권과 국가의사결정의 최상위 권력(權力, Power)을 소유한 지배계급(支配階級, Ruling class)을 뜻한다.

정치인은 사회의 지배자(支配者, master)로 제도적·행정적 강제 집행을 유일하게 행사하는 존재, 특정의 정치체제에서 제도적으로 확립된 정치적 권위의 주체가 되어 있는 존재, 정책의 형성·결정·집행에 실효

성 있는 영향력을 행사하는 존재, 계속적으로 정치 활동에 종사하면서 지도적 역할을 담당하고 있는 존재, 그러한 일을 과거에 하였던 존재로 국가의 운명에 가장 큰 영향력을 행사한다. 통상적으로 말하는 정치인은 국가공무원법에서 '정무직 공무원'으로 정의하는 존재를 뜻한다.

윗글의 내용으로만 보더라도 성공한 사람들이 끌리는 단어가 군데군데 들어가 있다. '성공한 후에 권력을 가진다?' 말은 하지 않지만 의외로 많다. 한때 나 또한 그중 한사람이었다.

지금으로부터 15여 년 전, 사업도 제 궤도에 올랐고 사회활동도 왕성하게 하던 시절이었다. 도의원 보궐선거가 열리던 어느 날, 모정당에서 나를 찾아오더니 선거에 나가보라고 권유하는 게 아닌가.

갑자기 귀가 솔깃해졌다. '이참에 정치판으로 들어가 봐?' 심각하게 고민하기 시작했다. 하루 이틀, 고민이 이어지던 차 그 정치인들이 또 사무실로 찾아와 설득했다. 나는 그때부터 주변 사람들에게 자문을 얻기 시작했다. 대부분은 "남자로 한번 태어났으면 이름을 남겨야 하지 않겠냐"라며 적극적으로 밀기 시작했다.

아내와 상의를 했다. 아뿔싸! 그녀는 절대 안 된다며 극구 반대를 하는 게 아닌가. "절대 정치인을 해서는 안 된다. 정치하려면 언변이 뛰어나야지 고지식한 사람은 절대 할 수가 없다"는 것이었다. 결국 싸우다시피 해서 포기를 했다. 하지만 그들은 여기서 멈추지 않았다. 여전히 출근하면 정치인들이 나를 찾아왔고 나는 그때마다 마음이 심하게 흔들렸다.

일주일이 지나고 보름이 지나면서 다시 아내와 상의했다. 하지만 그녀는 여전히 뜻을 굽히지 않았다. "절대 정치하면 안 된다. 왜 이렇게 힘들게 살려고 하느냐. 좋은 차도 못 탈 것이고, 어디 가서 떳떳하게 여행도 마음대로 못 한다. 그렇게 사는 삶이 좋겠냐"며 나를 설득했다. 아내의 진심 어린 충고에 급기야 백기를 들었다. 그리고 현실을 바라보게 되었다.

마음에 결심을 굳히고 나서부터는 아무리 정치인들이 찾아와도 흔들리지 않고 단호히 "NO"라고 답할 수 있었다.

지금 생각해 보면 세상 가장 잘한 일이라고 생각된다. 아내에게 정말 고맙다. 정말 정치를 했다면 지금처럼 자유로운 생활을 할 수 있을까. 골프를 하든 좋은 차를 타든 마음대로, 생각이 미치는 대로 할 수 있었을까. 내가 좋아하는 여행은 또 마음대로 갈 수 있었겠나.

이 자리를 빌려 아내에게 정말 고맙다는 말을 하고 싶다. "여보, 내가 당신 말을 안 들었으면 어쩔 뻔했는지 지금 생각해도 아찔하다오. 정말 고마워요. 감사합니다."

소나무홍의 골프 예찬

내가 처음 입문할 당시의 골프는 단순히 사치 운동이라고 치부하고 채를 놓아버렸다. 그러다 사업이 안정권에 들어가고서야 다시 골프채를 잡기 시작했다.

내 속에 어디 그런 피가 끓었는지 7개월 만에 80대 타수를 쳤고, 1년 안에 70대 타수로 끌어올리며 싱글 골퍼가 됐다. 실력이 급속도로 좋아지다 보니 365일, 아침마다 연습장을 벗 삼았고, 점심 식사 후 짬을 내어 빠지지 않고 연습장으로 향했다.

골프는 활동적이어서 좋다. 나는 어쩌면 골프예찬론자라고 해도 무방할 것 같다. 골프는 걷는 운동이다. 확실히 운동이 된다. 적어도 하루

4킬로미터에서 8킬로미터를 걸을 수 있다. 하지만 이것은 어디까지나 자신의 선택에 달려있다. 카트에 몸을 실으면 이 방법은 적용되지 않기 때문이다.

또한, 멋진 여행이라고 생각하며 드라이브를 즐길 수 있다. 골프백을 들고 대중교통을 이용한다는 것은 어불성설이다. 그러다 보니 자가의 차량을 이용하며 골프장인 목적지까지 가야 한다. 골프장 외곽은 드라이브하기엔 그야말로 안성맞춤. 노래를 틀고 떠날 때의 행복함과 지나는 길에 보이는 풍경은 마음 내려놓기에 충분하다.

맛집 기행은 덤으로 주어진다. 골프장 주위에는 의외로 맛집들이 있어 색다른 음식을 즐기기엔 너무 좋다. 좋은 사람들과 함께 맛난 음식을 먹고, 운동을 하고, 인생을 얘기하며 하루를 보내는 시간. 그 속에서 인생의 참맛을 아는 것도 빠질 수 없는 힐링이다.

특히, 서먹한 사이라 할지라도 언제 그랬었나 싶게 어느새 친해진 모습은 골프가 아니면 힘들다고 본다. 골프 라운딩 넉넉히 5시간, 식사 2시간에 움직이는 거리 멀게는 4시간. 모두 합친다면 11시간이 소요되는 운동이 바로 골프다. 영업을 한다면 이만한 메리트가 또 어디 있겠나.

홀로 살 수 없는 사회적 동물인 인간에게 어떤 운동을 선택할지는 본인이 더 잘 알 것이다. 내게는 골프만 한 게 없다. 더 빠져드는 이유는

지인들과 함께 내기골프를 할 때의 그 쏠쏠한 잔재미. 1천 원짜리든 1만 원짜리든 일단 내기를 하면 짜릿한 압박감과 승부욕이 얼마나 재밌는지 모른다. 물론 끝나면 내기에서 따낸 돈은 상대에게 돌려준다.

내기 없이 칠 때는 자칫 집중력이 흐트러지고 긴장감이 결여되어 좋은 스코어가 나오질 않는 예가 많다. 이건 어디까지나 사람마다 차이는 있겠다. 하지만 조그마한 내기라도 우선 걸어 놓고 경기에 임하면 집중과 긴장감으로 골프의 묘미는 배가 된다.

나는 지금도 골프장에만 가면 행복하다. 이유가 없다. 그냥 골프 그 자체가 좋다. 모든 골프장은 저마다 특색이 있다. 오죽하면 내 꿈은 전국에 있는 골프장을 한 번씩 가보는 것이다.

봄이면 파릇파릇한 잔디와 함께 봄바람을 맞으며 그 위에 서 있으면 천국이 바로 여기구나 싶다. 여름에는 작열하는 뜨거운 태양을 머리에 이면서 줄줄 흐르는 땀을 지닌 채 녹음을 찾아가는 것도 매력이라면 매력이다. 가을이면 푸른 하늘과 빨간 단풍을 벗 삼아 걷는 것도 좋고, 겨울에는 빨간 공이 하얀 눈밭 위에 앉아 있는 것도 나는 좋다.

골프는 소나무 홍의 인생에서 사업과 더불어 빼놓을 수 없는 운동이다. 내 인생에서 이것이 없었다면 얼마나 무미건조했을까. 하기 전과 하고 난 후의 인생 각도가 완전히 달라져 있다.

항상 시간에 쫓겨가면서도 바쁜 와중에 쏠쏠한 행복을 가져다주는 내 친구 골프. 나이를 먹어서도 꾸준히 운동할 수 있는 또 다른 인생설명서.

내 나이 80살 때까지도 골프를 칠 수 있을까 하는 걱정이 들긴 한다. 하지만 나는 걱정하지 않으련다. 꾸준한 건강 관리와 건강한 먹거리만 있다면 언제나 청춘 아니겠는가. 물리적 나이는 가라. 신체적 나이만 나이다.

봉사를 하다 보니
여러 가지 일도 있습니다

매슬로우 욕구이론 5단계를 살펴보면 1단계부터 생리적 욕구, 안전의 욕구, 사회적 욕구, 존경의 욕구, 자아실현의 욕구가 제일 마지막 단계에 놓여있다. 가장 중요한 5단계에 나눔과 봉사가 들어가 있다는 것은 그만큼 가치와 기쁨이 있다는 방증 아니겠는가.

돌이켜보면 잘 몰랐던 사회활동도 참 열성적으로 한 것 같다. BBS청원지회 불우청소년 소년소녀 자매결연에서 후원 10년, 계약 심의위원 10년, 경관심의위원과 건축심의위원 12년, 청주지방검찰청 형사조정위원회도 대략 10여 년은 족히 된다. 보다 많은 것을 느끼며 많은 생각을 했던 시간들이었다.

특히 형사조정위원회를 하며 피해자와 가해자와의 조정 과정 중 말도 안 되는 일도 좀 있었다. 그래도 나름 평가해 본다면 슬기롭게 잘 조정해준 것 같아 뿌듯하기도 하다.

내 직업이 조경이라 그런지 한 가지 기억나는 일이 있다. 남의 밭 옆 산에 저절로 자란 아까시나무가 농작물에 그늘을 드리운다는 이유로 밭 주인이 산 주인의 허락 없이 두 그루를 베어 분쟁이 일어난 사건이었다.

아까시나무는 임야에 흔할 뿐만 아니라 조경수로도 잘 쓰이지 않는 나무다. 산 주인은 임의로 자른 농부에게 주당 200만 원씩 400만 원의 금액을 과도하게 요구하고 있었다. 명색이 조경학 박사인 내가 봐도 황당하기 그지없어 피해자를 설득하기 시작해 결국 원만히 해결됐다. 그때 했던 말을 기억해 몇 자 적어본다.

"아까시나무는 밀원수로 꿀벌의 먹이로는 아주 유용하지만 조경수로는 잘 쓰지도 않고, 번식률도 높아 도시에서는 잡목으로 구분하는 경우가 많습니다. 요즘은 시·군에서도 농작물에 피해를 입힌다면 그 피해목은 제거를 하는 실정입니다. 가정집에서도 옆집 나무가 그늘이 되어 피해를 준다면 피해목을 베어줍니다. 아마도 이 사건은 밭 주인이 임의대로 베지 않고 지자체에 연락했다면 시에서 직접 나와 '제거하라'고 했을 겁니다. 그렇지만 밭 주인은 이런 전후 사정을 몰랐던 겁니다. 그것을 모르고 자기 밭에 그늘이 지니 나무를 벤 건데 그렇게 과하게 요구할 수 없는 겁니다. 선생님, 그러지 마시고 산에 그냥 자연목으로 자란 나무이니 좋게 해결을 하면 좋겠습니다."

나는 주말이면 산으로 가서 산이 된다

「그 길로 백두산엘 다시 갔어. 겨울이었지, '백두산 가는 길'이 여전히 하얀 눈을 뒤집어쓰고 있더군. 그 길을 달려가며 나는 다짐했지. 내 인생이 끝날 때까지 이 길을 가야만 한다고 말이야. 물론 그 길이 백두산만을 가르치는 건 아닐 테지. 산으로 뻗은 내 인생길의 은유겠지. 언젠가 그 산길에서만 내 삶은 마감될 수 있을 것이라 확신하게 되었지. 내가 살고 간 흔적을 그 길에 뚜렷이 새겨놓을 때까지는 죽을 수 없다는 걸 알게 된 거야.」

위 내용은 안승일 사진집 '백두산 가는 길'에서 박인식 작가가 쓴 글이다. 작가는 "구름옷 벗은 백두산은 보인다 해도 보는 게 아니다. 구름옷 입고 벗는 걸 다 봐야 백두산을 제대로 보는 것"이라고 했다.

요즘은 산의 매력에 푹 빠져 산다. 주말이면 산으로 떠난다. 이토록 헤어나지 못하는 산을 만난 건 우연한 기회였다.

2021년 신축년 1월 1일 금요일, 새해 첫날부터 바람과 함께 온 세상이 꽁꽁 얼어붙었다. 전국 대부분의 아침 기온이 영하 10도 내외로 강추위가 새해와 함께 찾아왔던 날이었다.

국민학교 친구 정충환, 정동호, 나까지 세 명이 월악산국립공원 남쪽에 있는 포암산으로 산행을 떠났다. 강추위와 함께 걸었지만, 막상 정상에 올라서니 눈앞에 펼쳐진 경관이 어찌 그리도 아름다운지 한동안 황홀경에 빠져있어야 했다. 그것이 계기가 되어 매주 일요일마다 친구들과 함께 산에 다니기 시작했다.

100대 명산 위주로 가다 보니 벌써 45개 정도 다녔다. 갈 때마다 변화무쌍한 사계를 만나는 게 여간 장관이 아닐 수 없다.

이 또한 인간과 같다. 처음부터 포기해 버리는 사람, 중간에 포기하는 사람, 천천히 끝까지 오르는 사람. 막상 올라가도 감흥이 없는 사람이 있는가 하면, 탄성을 지르는 사람도 있다. 더 높은 곳을 갈망하는 사람이 있는가 하면, 남들보다 먼저 정상에 올라가 누리는 사람도 있다.

포암산
962m

black Diamond

산은 나에게 많은 말을 한다. 벌써 1년 9개월 마주했다. 대한민국의 아름다운 금수강산, 어디 외국의 어느 산에 비할 바냐. 청송의 주왕산, 제천의 월악산, 함양의 지리산, 통영의 눈부신 아침 햇살을 받는 사량도는 다시 생각해도 가슴이 벅찰 만큼 멋지다.

자연 속에 안기면 인간의 탐욕과 수치심이 어느 사이엔가 눈 녹듯이 내리고 오직 자연 속에 스며듦을 느낀다. 젊었을 때는 바빠서 함께 하지 못한 장엄한 산을 이제야 간다. 산이 내가 되고 내가 산이 되어가는 요즈음은 감사의 기도가 절로 나온다.

건강이 허락하고 무릎이 버텨주는 날까지는 욕심내지 않고 끝까지 다가가 볼 생각이다. 아주 작은 미물인 내가 어찌 산을 정복하겠는가. 다만 나이 들며 산과 함께 산을 닮아가려고 애쓰리라. 비록 숨이 턱턱 막히고 가슴이 터질지라도. 산행이 주는 최고의 선물은 자신과의 싸움에서 얻어진다는 진리를 잊지 말며.

부록

부정적인 생각은 결국
육체의 질병을 일으키고
마음과 영혼에 상처를 주나니
항상 긍정적이고
밝은 면을 보는 습관을 기르라.

인디언 명언

○

청주대, 가족회사와 산학협력 네트워크 구축 우수 가족회사 표창 중점관리기업 현판 수여 등 프로그램 다채

청주대학교가 가족회사와 실질적 산학협력 네트워크 구축에 나섰습니다.

청주대는 11월 21일 오후 비즈니스대학 세미나실에서 '2019 가족회사 공동기술설명회 및 산학교류회' 행사를 개최했다고 밝혔습니다.

이날 행사에는 청주대 가족회사 대표와 재학생, 교직원 등 약 100여 명이 참석해 우수가족회사 표창, 가족회사 중점관리기업 현판 수여, 기술설명회, 특강 등 다양한 산학협력 프로그램이 진행됐습니다.

또한 LX한국국토정보공사(대표 최창학) 등 8개 기업에 우수 가족회사 표창이 수여됐으며, ㈜충북조경건설(대표 홍성래) 등 33개 기업에는 중점관리기업 현판이 수여됐습니다.

박호표 청주대 산학협력부총장은 "이번 행사를 통해 가족회사와의 실질적인 산학협력 네트워크를 구축하고, 대학과 기업의 산학융합 기반구축을 통한 현장 맞춤형 인재양성 및 R&D 사업화 역량을 강화할 것"이라며 "앞으로 가족회사의 경쟁력을 높이고 지역사회 및 지역경제를 발전시키는데 중추적인 역할을 다하겠다"고 말했습니다.

한편 이번 행사는 대학혁신지원사업의 일환으로 진행됐으며, 앞으로 매년 산학협력 행사를 개최할 계획입니다.

2019. 11. 22. 청주대 뉴스

○

"화합과 봉사로 함께하는 충북지구JC를 만들겠습니다"

젊은 시절 한국JC를 거쳐 한국JC특우회에 몸담고 있다. JC이념을 바탕으로 회원 상호간의 우의와 친목을 돈독히 하며 한국JC의 발전을 지원하고 국가와 사회발전에 기여함과 아울러, 국제간의 이해와 우의를 증진시켜 인류의 번영과 세계평화에 기여함을 목적으로 하고 있다.

이하는 '뉴스데일리 충청·세종·강원' 인터뷰 내용이다.

홍성래 충북지구 JC특우회장 "화합 · 봉사로 함께하는 특우회 만들 것"

"화합과 봉사로 함께하는 충북지구JC를 만들겠습니다"

2016년 충북지구JC 슬로건에서 풍겨 나오는 이미지가 벌써 분주해 보인다. 화합과 봉사는 여느 단체에서 포괄적 의미로 사용하고 있어 뭔

홍성래 충북지구 JC특우회장 "화합·봉사로 함께하는 특우회 만들것"

기사입력 2016-03-16 11:08:32 | 최종수정 2016-03-16 19:50:37 | 김종혁 기자 | news043@naver.com

[인터뷰]홍성래 충북지구JC 특우회장

▲ 홍성래 충북지구JC 특우회 제31대 회장.ⓒ충북지구JC

"화합과 봉사로 함께하는 충북지구JC를 만들겠습니다."

2016년 충북지구JC 슬로건에서 풍겨 나오는 이미지가 벌써 분주해 보인다. 화합과 봉사는 여느 단체에서 포괄적 의미로 사용하고 있어 뭔가 특별함이 없을 것 같지만 홍성래 충북지구JC 특우회장(55)에게는 올해를 이끌어갈 각오와 다짐이다.

가 특별함이 없을 것 같지만 홍성래 충북지구JC 특우회장(55)에게는 올해를 이끌어갈 각오와 다짐이다.

올해 충북지구JC 특우회 살림을 맡은 홍 회장의 카카오톡 아이디는 '소나무홍'이다. 1988년부터 조경 업을 시작하면서 지금까지 나무와 인연을 맺어왔고 다음해인 1989년 JC에 첫 발을 디딘 후 역시 지금까지 활동을 해 오고 있다.

나무와 JC와 함께 청춘을 바치며 한길 인생을 살아온 홍 회장의 이야기를 문답 형식으로 들어봤다.

충북지구JC 31대 특우회장을 맡게 됐는데 임기와 역할은.

지난해 연말에 선출돼 올해 말까지 1년 동안 특우회장을 맡게 됐다. 특우회는 지역의 JC를 실질적으로 지원하는 역할을 하기 때문에 JC와 특우회 두 조직을 이끌어가야 한다는 부담감이 크다. 하지만 최선을 다해 노력할 생각이다.

충북지구JC 특우회 조직은.

현재 시군별로 15개 로컬(단위JC)이 활동 중이며 회원은 약 800명가량 된다. 대표적으로 청주JC 특우회가 70여명으로 가장 많고 로컬별로 평균 30~40명가량 된다.

특우회는 JC활동 후 가입하는데 연령기준은.

예전에 특우회 가입 기준은 40세였는데 42세로 상향 됐다가 지금은

45세로 운영하고 있다. 이는 JC에 가입하는 인원이 점점 줄어드는 추세에다가 '100세 시대'를 맞아 청장년의 활동 폭을 넓히려고 조정된 것으로 본다.

회원이 줄어드는 이유와 그에 대한 대책은.

회원감소는 비록 JC만의 문제가 아닌 사회 전반적인 문제다. 출산율 저하로 인한 인구 감소와 청년실업문제, 경기침체 등 여러 가지 요인이 있다고 본다. 다른 단체들도 비슷한 상황으로 알고 있다.

이에 대한 대책이라면 회원 간의 신뢰와 화합으로 강한 조직력을 갖추는 게 우선이라고 생각한다. 그래서 특우회장 취임 슬로건으로 '봉사와 화합'을 내걸었다.

올해 충북지구JC 특우회를 이끌어 갈 목표로 '봉사와 화합'을 강조했는데.

JC는 다양한 활동을 많이 한다. 먼저 내부적으로 회원등반대회와 골프대회를 주기적으로 여는데 행사 때마다 많은 회원들이 참여한다. 로컬별로 행사를 주최하면 지구내 대부분의 회원들이 참여해 화합과 결속을 다지고 있다.

이외에 외부적으로 더 많은 봉사 활동을 계획하고 있다. JC가 JC만의 조직이 아닌 전체 사회의 구성원으로서의 역할을 넓혀갈 계획이다. 지난 2월에 가진 취임식에서도 징검다리 사회단체에 연탄 4000장을 기부하며 시작했다. 앞으로 독거노인 돕기, 무료 급식봉사 등을 예정하고 있다.

JC만의 장점이 있다면.

한국JC는 1952년 창립돼 전국적으로 16개 지구JC와 359개 지방JC에서 2만여명이 활동하고 있는 대표적인 국제민간단체다.

여러 단체가 있지만 JC만의 장점은 '자기능력개발' 프로그램에 있다. 청년시절 JC에 가입해 활동하면서 각종 발표와 회의진행, 조직구성과 운영 등 많은 것을 배우고 익혀 왔다. 그동안 조경 사업을 운영하는데 정말 많은 도움이 됐다. JC활동은 사업뿐 아니라 모든 사회활동에서 꼭 필요한 능력을 개발할 수 있도록 다양한 프로그램이 운영된다. 청년들에게 꼭 권하고 싶다.

올해 20대 총선에서 후보자들에게 바라는 점이 있다면.

선거가 한 달도 남지 않았는데 아직도 후보가 결정이 안 되는 등 지켜보는 입장에서 답답함이 많다. 각 후보들의 공약을 보면 대개 비슷하지만 무엇보다 청년 일자리문제 등 현실성 있는 공약이 실현됐으면 좋겠다.

특히 아침 출근길에 사거리 등에서 고개 숙여 인사하는 후보들의 모습을 많이 본다. 당선 후에도 초심을 잃지 않고 지역사회를 위해 일 해줬으면 하는 바람이다.

끝으로 회원들에게 당부하고 싶은 말은.

어느 단체든 책임과 의무, 적극적인 참여가 꼭 필요하다. 그동안 잘 해 왔지만 올해는 다양한 봉사활동을 계획하고 있는 만큼 더 많은 참여와 성원을 당부한다.

JC와 나무밖에 모르는 홍회장은 부인 박향우 여사와의 슬하에 2녀1남을 뒀으며 청주대에서 조경학으로 석·박사를 취득하고 조경학 강의를 하기도 했다. 1997년에는 도시녹화에 기여한 공으로 대통령상을 받기도 했다.

2016.3.16

○

충북 출신 최초 '자랑스러운 조경인상' 수상

30~40대에는 조경에 대한 열정이 워낙 강해 자주 조경기술도입을 위해 일본으로 건너가 배우곤 했다. 당시 우리나라는 일본과 비교하여 대략 10~15년이 뒤쳐져 있던 시기였다. 특히 나무 캐는 굴치기계와 판매 및 관리기술 등 여러 가지 조경과 관련된 지식을 빠르게 습득하며 회사를 키워나갔다.

긴 시간동안 조경분야에 투신하여 수많은 실적과 조경건설업계의 발전을 위해 헌신했으며 '조경 살리기 운동'에 적극 참여해 조경건설 산업의 기틀을 마련했다는 공로를 인정받아 1997년 김영삼 대통령으로부터 표창과 2010년 산림청장 표창을 받았다.

이하는 동양일보에 게재된 인터뷰 전문이다.

홍성래 충북조경건설 대표

조석준 기자 · 입력 2015.03.02 19:21 · 수정 2018.08.30 21:04 · 댓글 0

충북 출신 최초 '자랑스러운 조경인상' 수상

(동양일보 조석준 기자) "제가 이런 과분한 상을 받을 자격이 있는지 모르겠습니다. 그저 흙과 나무가 좋아 여기까지 왔고 앞으로도 계속 이어갈 생각입니다. 지금까지 힘든 시기 늘 함께 해준 아내와 직원들에게 사랑과 감사의 마음을 전합니다."

충북조경건설 홍성래(53·사진) 대표가 충북 출신 최초로 3일 서울 한국과학기술회관 대회의실에서 '2015 자랑스러운 조경인상'을 받는다.

홍 대표의 이번 수상은 27년간 조경분야에 투신, 수많은 실적과 더불어 조경건설업계의 발전을 위해 헌신했으며 '조경 살리기 운동'에 적극 참여해 조경건설 산업의 기틀을 마련하는데 크게 기여한 공로를 인정받은 결과이다.

충북 출신 최초 '자랑스러운 조경인상' 수상

홍성래 충북조경건설 대표

"제가 이런 과분한 상을 받을 자격이 있는지 모르겠습니다. 그저 흙과 나무가 좋아 여기까지 왔고 앞으로도 계속 이어갈 생각입니다. 지금까지 힘든 시기 늘 함께 해준 아내와 직원들에게 사랑과 감사의 마음을 전합니다."

충북조경건설 홍성래(53·사진) 대표가 충북출신 최초로 3일 서울 한국과학기술회관 대회의실에서 '2015 자랑스러운 조경인상'을 받는다.

홍 대표의 이번 수상은 27년간 조경분야에 투신, 수많은 실적과 더불어 조경건설업계의 발전을 위해 헌신했으며 '조경 살리기 운동'에 적극 참여해 조경건설 산업의 기틀을 마련하는데 크게 기여한 공로를 인정받은 결과이다.

그의 지원과 노력에 힘입어 2005년 대한건설협회에 조경위원회를 발족, 조경건설업계의 위상을 고취시켰으며 조경분야 업역을 보호하고 확대하기 위해 노력했고 조경건설업 선진화 방안연구 등에 적극 참여해 조경건설산업의 발전에도 크게 이바지했다.

이밖에도 1997년 도시녹화에 기여한 공로로 대통령 표창과 2010년 산림청장 표창을 받았으며, 청주JCI와 청주한벌라이온스클럽 회장을 역임하는 등 지역사회 봉사활동에도 남다른 열정을 보이고 있다.

올해로 12회째인 '자랑스러운 조경인상'은 국내 조경업계 연합체인 (재)환경조경발전재단과 학계 대표단체인 (사)한국조경학회가 공동 주관하는 상으로 한국에 조경 도입 40년을 기념하기 위해 제정됐으며 한국조경의 성장과 발전에 이바지한 조경인에게 수여하는 상이다.

홍 대표는 청주시 미원면 화창리의 시골 농가에서 5남매 중 막내로 태어났다. 당시 대부분의 집들이 그러했듯 어려운 가정형편이었다. 청주농고를 거쳐 충남 예산농업전문대 원예과를 졸업한 후 조경에 심취, 조경기사 자격증을 취득하고 군 제대 후 민간 조경회사에서 2년간 의 경험을 바탕으로 부인과 함께 조경회사를 차린다. 그것이 지금의 충북조경이다.

경험은 미천했지만 홍 대표 부인 역시 대학에서 조경학을 전공하고 조경기사 자격증을 취득한 조경 전문인으로 여성 특유의 섬세함과 새로운 디자인 감각으로 큰 보탬이 된다.

시간이 흐르면서 젊은 조경기사 부부가 정원공사를 세련되고 감각적으로 잘 한다는 소문이 삽시간에 퍼지면서 사업은 점점 확장됐고 마침내 LG화학(구 럭키화학) 청주공장(17만평)에 조경수를 납품하면서 성공의 발판을 마련했다.

홍 대표는 결혼당시 아내에게 "지금은 초라하지만 장차 조경업으로 성공하면 10만평의 조경수 농장을 마련해 주겠다"는 약속을 인생의 목표로 삼고 힘든 역경 속에서도 꿈과 희망을 버리지 않았다.

결국, 10만여 평에 이르는 그의 조경수 농장에는 100여종이 넘는 조경수 20만본 이상을 가꾸고 있으며 파3 18홀 골프장을 운영하고 있다.

맨손으로 시작한 허름한 조경회사를 종합조경회사로 성장시켰지만 종종 한계에 부딪치곤 하던 이론과 지식을 극복하기 위해 중부대 환경조경학과에 편입, 뒤늦게 학문의 길로 뛰어들었고 이후 청주대 대학원에서 조경학 박사학위까지 받고 청주대와 우송대의 강단에 서기도 했다.

현재, 대한건설협회 조경위원으로 활동하고 있으며 조경분야의 업역을 보호 확대하기 위해 꾸준한 노력과 지역사회 봉사로 자연과 더불어 삶의 질 향상을 위한 조경인의 위상을 한층 더 높이는데 노력을 기울이고 있다.

"저는 청주농고 재학시절 처음 나무를 접해본 이후 27년간 조경을 뺀 저의 삶은 없었습니다. 하물며 군에 입대해서도 조경기사 자격증이 있다는 이유로 사단장 공관에서 나무를 가꿨으니까요. 어려웠던 시절 초심으로 돌아가 최고급 품질의 수목 등 특화된 전략으로 제 2의 전성기를 준비하겠습니다."

최근 경기침체와 더불어 조경수의 수요 자체가 줄어들면서 위기를 맞고 있는 조경업계에 홍 대표의 신선한 바람을 기대해 본다.

2018.08.30. 동양일보

충북조경건설을 찾아서…

청풍명월의 고장 이름 그대로 공기 맑고 풍광 좋은 충청북도의 중심지인 청주시와 청원군에 자리한 우리 조경수협회 충북도지회 홍성래 지회장의 충북조경건설을 찾았다.

홍성래 지회장의 충북조경건설은 청주시의 북동쪽 외곽 충주방향과 진천방향의 갈림길인 청원군과의 접경 지역 주성동에 이름도 특이한 수름재 삼거리라는 곳에 자리하고 있다.

특이한 지명에 따른 유래나 전설도 없어 이름 뜻대로 옛날 술집이 많았거나, 높은 수리봉 또는 쉬어가는 고개가 아닌가 짐작할 뿐이란다. 지금은 몇 안 되는 식당과 상가 간판만이 이곳이 수름재라는 것을 알려준다.

충북조경건설을 찾아서…

청풍명월의 고장 이름 그대로 공기 맑고 풍광 좋은 충청북도의 중심지인 청주시와 청원군에 자리한 우리 조경수협회 충북도지회 홍성래 지회장의 충북조경건설을 찾았다.

글 | 사진 : 사진작가 김해웅

홍성래 | 충북조경건설 대표

예전에는 제법 높은 고개였는지는 모르지만 현재 4차선 국도의 편편한 길로 고개라고는 찾아볼 수 없고 주변도 별로 개발되지 않은 자연 그대로인 지역으로 삼거리 남측 도로변에서 30~40m 정도 골목 안에 자리한 충북조경은 500여 평의 대지에 아담한 2층 건물과 잘 가꾼 정원이 조경회사의 풍미를 더 한다.

조경학 전공한 박사 경영인

그는 금년 봄학기 청주대학 대학원에서 조경학을 전공 박사학위를 수여받은 사업과 학문을 모두 성취한 조경인이다.

고교시절부터 조경에 심취한 그는 오로지 조경에만 매달려 맨손으로 조경회사를 설립 대형 종합조경회사로 성장시켰으며 늘 한계에 부딪치곤 하던 이론과 지식을 극복하기 위하여 뒤 늦게 학문의 길로 뛰어들어 박사학위까지 취득한 그의 의지와 노력은 굳이 조경인이기 이전에 하나의 인간승리의 표상이 될 수 있다.

조립식 무허가 건물에서 시작한 조경업

그는 청주시내에서 동쪽으로 20여km 떨어진 미원면 화창리의 시골 농가에서 5남매 중 막내로 1961년에 태어나 초등학교 졸업 후 청주시내로 유학하여 청주농고를 거쳐 멀리 충남의 예산농업전문대 원예과를 졸업. 이때 조경에 심취 조경기사 자격증을 취득하였으며 군 제대 후 민간 조경회사에서 2년간 일한 경험만 가지고 1988년 3월1일 자본금 270만 원을 들고 지금도 잊을 수가 없다는 청주시내 봉명동 510번지의 무허가 건물에 충북조경 사무실을 차려 조경업을 시작하였단다.

결혼 약속으로 이룩한 조경업

그가 조경업으로 성공하게 된 것은 한마디로 결혼하기 위해 약속했던 것을 실천한 결과다. 아내에게 결혼의 조건으로 하였던 약속을 실천하겠다는 굳은 의지와 부부간의 믿음과 사랑으로 오늘의 충북조경을 이룩하였다.

결혼당시 아내에게 한 약속을 지키는 남자들이 몇이나 될까? 결혼 하고나면 그야말로 헛 약속이 되거나 아예 무슨 약속을 하였는지 조차 잃어버리기 일쑤 인데 그는 당시 결혼의 조건으로 "지금은 초라하지만 장차 조경업으로 성공, 10만 평의 조경수 농장과 커다란 빌딩을 마련해 주겠다던 그 약속을 인생의 목표로 삼아 아무리 어려운 역경이 닥쳐도 의지를 꺾지 않고 그대로 실천한 참되고, 성실한 의지의 조경인으로 성공하였다.

조경으로 맺은 인연

그들 부부는 둘다 대학 조경학과를 나와 조경기사 자격을 획득한 조경 전문인이다.

인연이 되려고 해서인가 군 제대 후 1년 정도 되었던 그와 대학을 갓 나온 아내가 취업 한 곳이 두 회사가 한 사무실을 빌려 쓰고 있는 청주 시내의 개인 조경회사로 두 사람은 한 사무실에서 근무 하게 된다.

같이 일하면서 자연히 일 잘하고 깔끔했던 청주대학 조경학과 출신의 아내에게 마음이 끌렸지만 전문대 출신인 그는 학력도 차이가 나고 집안 형편이나 모든 것이 부족한 데다 더구나 아내는 더 좋은 곳을 찾아 서울의 큰 회사로 가버리고 나니 애가 타던 그는 그야말로 뜬구름 잡는 듯한 "조경업으로 성공하여 10만 평의 대 면적 농장과 커다란 빌딩을 마련해 주겠다"는 약속으로 결혼에 성공, 지금 지금 정말로 꿈만 같이 그대로 이룩하였으며, 그들이 다니던 회사 역시 승승장구 우리 조경수협회 전임과 전전임 도지회장을 역임한 충북의 핵심 조경인로 3대에 걸쳐 도지회장을 맡아 지금도 끈끈한 인연을 이어가고 있다.

가정집 정원공사로 시작한 조경업

1988년 결혼도 하고 조경업도 시작한 그는 경험도 실적도 없는 터라 커다란 조경공사는 생각도 않고 주로 가정집 단독 주택의 조그마한 조경부터 시작하였다.

워낙 성실하고 깔끔하게 작업을 하고 또한 저렴하면서 새로운 디자인 감각을 동원하여 설계 시공하므로 어느새 조경기사 자격증을 가진 젊은 부부가 정원공사를 잘 하더라는 입소문이 퍼져 많은 주문이 밀려들고 제대로 된 신혼여행도 못가보고 사무실에 나와 여성 특유의 섬세함과 미적 감각을 살린 조경 설계를 하였던 아내 덕분에 사업은 커져가고 특히 LG화학(구 럭키화학) 청주공장 신축 조경에 1988년부터 1995년까지 많은 조경수를 납품하고 조경공사를 시행함으로서 도약의 발판을 마련하였다.

청원군 지역 사방에 분산된 농장들

그의 농장은 한군데 펼쳐진 대형 농장이 없다. 처음부터 조경수 하나 없이 시공부터 시작한 그는 자기소유의 조경수들을 확보하는 것도 시급하고 10만평 농장을 갖는 것도 중요하여 초기에는 우선 남의 토지를 빌려 묘목을 재배하다 1991년부터 토지를 구입하기 시작한 것이 우선 저렴한 땅을 찾다 보니 자투리 국유림 매각 필지나 산간오지 땅으로 자연히 사방에 분산될 수밖에.

석성리와 원통리 농장

제일 먼저 찾아간 곳은 청원군 북동쪽 증평군과의 경계지역인 중부고속도로 증평IC 인근의 내수읍 석성리와 원통리 농장이다.

두 곳 모두 18,000평 정도의 그리 넓지 않은 농장으로 야트막한 야산에 자리한 농장으로 충북 조경의 주력 농장이다.

1994년부터 조성한 원통리 농장의 나무들은 특별한 수종이 아닌 일반 대중적인 조경수인 소나무·향나무· 전나무·느티나무·단풍나무·메타세콰이어·은행나무들이 주종을 이루며 30여종 6,000여 본의 중·대형 조경수들이 이제 제대로의 모양을 갖춰 한창 자라고 있는 농장으로 유난히도 봄추위가 심했던 해이지만 하나같이 싱싱한 잎을 펼쳐내고 있고 90년대 말에 시작한 석성리 농장역시 비등한 종류의 비교적 어린 소경목과 중경목 30여 수종 5,000여 본이 심겨진 농장은 아직 제대로 모형을 갖추지 못하였지만 나무 가꾸기에는 최적의 농장이란다.

유명 약수의 고장 최적의 농장

이곳 농장이 자리한 청원군의 북부와 동부지역은 옛날부터 약수터로 유명한 고장이다.

세계3대 광천수의 하나로 꼽힌다는 초정약수, 600년전에 개발되어 세종대왕의 눈병과 세조 임금의 악성 피부병을 고쳤다는 일화가 있는 우리나라 최고의 대표 약수를 비롯하여 부강약수와 명암약수 등 이 지방은 땅만 파면 약수가 나온다는, 그래서 근래에는 난개발로 인한 약수고갈이 빚어지기도 했지만, 그 덕인가 이곳 농장들은 가뭄과 홍수 피해를 받지 않고 지하 20여m 까지 파내려 가도 돌 하나 없는 사질의 황토지역으로 나무도 잘 자라고 특히 분 뜨기에 적합하여 조경수 재배지로는 최적의 장소란다.

오지를 옥토로 개발

충북조경 사무실에서 청주시내를 관통하여 서쪽 끝 옥산면 호죽리와 남쪽의 남이면 가좌리는 20여km 거리에 위치한 오지에 있는 임야로 진입로조차 없어 조경수 재배로는 부적합한 산을 구입 갖은 애로와 역경을 무릅쓰고 넓은 농장을 갖겠다는 꿈과 아내와의 약속을 이행하기 위하여 눈물나는 노력을 한 덕분에 이제는 훌륭한 농장으로 탈바꿈 시켰으며 특히 가좌리 농장에는 매실나무와 살구나무, 왕벚나무를 단지화하여 봄이면 온 골짜기가 화려한 꽃대궐을 이루고 여름이면 매실과 살구를 누구나 채취하게 하고 농기계 하나 들어가지 못하던 오지에 농로를 개설해 주고 볼거리와 먹을거리를 제공하니 누구나가 칭찬하는 조경인이 되었다.

못다 이룬 꿈 학업에 정진

그는 청주지역 조경인들 중에서 누구 못지않게 일찍 법인화를 시작하였다. 조경식재와 시설물공사업 면허를 받아 명실상부한 충북지역의 대표적 조경인의 반열에 올랐으나 학문적으로나 기술적으로 미숙한 것이 너무나 많은 것을 절감하던 터에 아내와의 처음 약속하였던 대형 빌딩을 청주대학 앞 요지에 건평 1,000평에 7층짜리 건물을 신축한 후 그는 중부대학 환경조경학과에 편입, 학문하는 조경인의 길로 들어선다.

조경수 분뜨기와 아파트 외부공간의 특성 연구

청주대학 환경대학원에 입학한 그는 우선 석사 과정은 조경공사에서 항상 부딪치는 조경수 뿌리분의 크기와 이식활착율과 인력, 자금의 소요 등을 연구하였으며, 박사 과정은 건설제도의 시대적 변화에 따른 아파트 단지 외부 공간 특성이라는 제목으로 80년대의 도입단계 90년대의 발전단계 99년 이후의 성숙단계로 구분 연구하여 과거에는 실내 마감재의 고급화에 따라 아파트 위상이 갈렸으나 이제는 외부 환경의 고급화에 따라 위상이 변하는 것을 여 명품나무를 심고 아름답고 친근하며 청결하고 배치가 잘되어 걷고 싶은 외부 공간을 중시하는 추세로 되어 간다는 것을 폭 넓게 연구 금년 봄학기에 박사학위를 취득 하였으며 이제는 조경 지식과 경험과 시공에 필요한 조경수와 기술자를 고루 갖춘 명실상부한 충북조경의 선두 주자로 나아가고 있다.

인간과 자연을 조화롭게

그는 처음부터 조경설계와 시공에 주력 하였다. 지금 10만여 평의 조경수 농장에 100여종 넘는 조경수 20만본 이상을 가지고 있지만 이제까지 외부 판매는 전혀 하지 않고 자체 시공 사업에만 사용 하였단다. 그러자니 자연히 밀식되거나 수종별 집단화가 되지 못하고 우선 급한 대로 뽑아 쓰고 그 자리는 다른 수종을 심어 혼재된 지역이 많고 제때 출하되지 못한 수종들은 웃자라서 조경가치가 떨어지는 것도 있지만 시공만은 '인간과 자연을 조화롭게'라는 기업 이념으로 시행하여 대표적인 공사로 충청지역의 주공 아파트와 우림아파트 조경시설과 서원대학교과 청주교대, 대청댐, 오창 과학단지 조경 등 많은 지역 조경에

찬사를 받고 있으며 270만 원의 자본으로 두 내외가 시작한 회사가 지금은 20명이 넘는 직원에 연간 70~80억 원의 매출을 올리는 충북 굴지의 조경회사로 성장하였다.

조경업 발전과 보급에 헌신

그는 2009년부터 우리 조경수협회 충북지회장을 맡고 있다.

1990년대 초에 회원으로 가입한 그는 누구보다 앞장서 협회 발전에 노력해 왔으며 그에게 도지회장을 물려준 전임 지회장은 그가 처음 조경업에 몸담아 아내와 함께 근무했던 우림조경의 신현옥 사장이며 같은 사무실의 아내가 근무했던 새한조경의 유명수 사장은 1995년부터 2005년까지 10년간 도지회장을 맡아오다 신현옥 사장에게 인계한 전 전임 지회장으로 우연치 않게 한 사무실에서 근무했던 사람들이 3대에 걸쳐 지회장을 맡게 되었고 이제 그는 아직도 젊은 패기를 앞세워 전임 지회장들에 누가되지 않게 최선을 다할 것을 다짐하며 지금도 그는 시간만 되면 모교인 청주농고에 들러 후배들에게 조경업의 발전 전망과 장래 유망 직종임을 강의하고 있다.

아름다운 가정 참된 봉사

결혼식 때 아내에게 한 약속을 어김없이 실천해온 가장.

지금의 조경인으로 성공 할 수 있게 된 것은 무엇보다도 아내의 힘이 가장 컸다고 말한다. 어렵고 힘들때 옆에서 도와주고 격려해 주며 항상 희망을 북돋아 준 아내 박향우(48세)에게 진심으로 감사할 따름이란다.

또한 잘 커준 두 딸과 막내아들에게도 고마움을 잊지 않으며 여러 형제간에도 우의가 돈득하기로 소문난 집안으로 수석수집과 골프가 취미인 그는 착실한 불교신자로 한국어린이재단에 10년째 기부하고 건양대학에도 장학금을 지급하며 지역사회에서도 청주JC 회장을 역임하였고, 지금은 청주한벌라이온스 회장에 새로 취임하는 등 봉사와 지원을 아끼지 않는 신망 받는 인물로 정계로 나아가 보라는 주변의 권유도 많이 받지만 그냥 지금처럼 배우고 가르치며 학문하는 조경인으로 살아가겠다고 다짐한다.

2010. 10. 17. 조경수협회지

홍성래 충북조경건설 대표 박사학위 논문

홍성래 충북조경건설 대표가 '건설 관련제도의 시대적 변천에 따른 아파트 단지 외부공간 특성'이라는 박사학위 논문을 발표했다.

청주대학교 대학원에서 환경조경학과를 전공한 그는 정부의 주요 주택 건설정책과 관련 법규의 시대적 변천에 따른 아파트 외부 공간의 특성을 학술적으로 규명했다.

또 청주시에 건설된 아파트 단지를 시대적 구분에 따라 각각 3대 단지씩 선정해 각각의 아파트의 외부공간의 특성을 규명하고 녹지 설치 특성, 조경시설물의 설치 특성 그리고 전체 경관에 대한 시각적 특성을 현장조사와 설계도서를 이용한 실증적 분석을 통해 다각적으로 변화하는 외부공간에 녹지와 조경시설물의 배치의 올바른 방향을 제시하고 있다.

2010.02.02. 충청매일

ㅇ

홍성래 충북조경건설 대표
밑천 200만 원, 10만평 농장과 50억 매출로 성장

"자연은 거짓말을 하지 않습니다. 그래서 조경사업 하는 사람들은 소박하고 순수합니다"

직업에 대한 애정의 깊이를 드러내는 홍성래 충북조경건설 대표(46)의 이 한마디는 이내 나무 예찬론으로 이어진다.

"한사람에 필요한 산소량을 돈으로 환산하면 79만 원이나 된답니다. 이런 혜택을 나무가 아낌없이 주는 것이죠. 돈을 따지지 않더라도 삼림욕장에 가면 금새 나무의 소중함을 느끼지 않습니까? 그뿐인가요, 실내에 녹음수를 키우면 방음은 물론 온도조절 효과까지 있어서 여름철 냉방비를 15%나 줄일 수 있다는 연구결과도 있습니다"

홍대표는 그래서 조경사업을 하는 자신이 그렇게 행복할 수 없단다.

자신이 좋아하는 일을 하면서 삶을 이어갈 수 있는 경우가 얼마냐 되겠냐는 반문도 여러차례 던진다. 그의 말을 듣자면 사업가라기보다 환경운동가에 가깝다는 착각이 들 정도로 20년이 넘는 나무와의 인연의 흔적이 고스란히 녹아난다.

청주농고 입학 조경에 매료

대부분이 그러했듯 홍대표도 자그마한 땅을 일구던 농군의 아들이다. 다른 친구들처럼 평범하게 일상을 보내던 그가 나무에 빠지기 시작한 것은 청주농업고등학교 원예과에 입학하면서 부터다.

"아무런 이유없이 나무가 좋아지더라구요. 막연히 이게 내 적성에 맞구나 하는 생각도 들고 그 때부터 나무 키우는 일을 하겠다고 맘 먹었죠."

충남 예산 농업전문대 원예과로 이어진 나무와의 인연은 군복무 시절 부대 내 조경을 담당하는 보직을 맡았고 청주대학교 조경과를 졸업한 아내를 만나 결혼까지 했으니 조경과 홍 대표는 찰떡궁합인 셈이다. 80년대만 해도 조경사업 시장이 형성되기 전이라 업체 또한 많지 않았다. 하지만 홍대표는 2년여 직장생활을 통해 모아둔 200만원을 밑천으로 창업하는 사고(?)를 터뜨렸다.

"집에서 도움받을 처지도 못됐고 봉급을 아껴 모아둔 돈으로 청주시 봉명동에 조립식 가건물을 지어 사무실을 마련했어요. 마음만 앞섰지

충북조경건설

사업이란게 쉬운게 아니지 않습니까. 작업할 인부도 없었고 혼자 이리저리 뛰어다니며 나무 한두 그루 심어달라는 가정집에서부터 가리지 않고 일했습니다. 그런데 봉명동에 택지개발사업이 시작, 사무실이 무허가 건축물로 적발돼 강제철거 되고 벌금도 꽤 많이 냈어요. 하늘이 노래지는 기분이 바로 그런거더군요."

20여년전의 일이지만 웬만큼 자리 잡았다고 생각하는 지금도 그때의 일을 수시로 되뇌인단다.

"봉명동에서 쫓겨나다시피 한 뒤 지금 회사가 있는 주성동에 어렵게 몇 백평 밭을 빌려 나무를 심었어요. 한편으로는 나무를 키우고 다른 한편으로는 일거리를 찾아 발품을 팔았죠. 일의 양이 늘어나고 돈이 모아지면 빌린 땅을 사는 일을 반복했어요 그러다보니 지금에 까지 이르게 됐네요."

밑천 200만 원으로 시작한 사업이 10만평의 농장과 연 50억 원의 매출을 올리는 중견 조경업체로 성장한 것이다. LG화학 청주공장, 제천 금월봉 폭포, 옥천 장계 관광단지 등이 홍대표의 손으로 일군 경관이며 지금은 보은 동학기념 공원 조성 사업을 한창 진행중이다.

사업과 학문 넘나드는 열정

홍성래 대표가 학창시절 조경과 인연을 맺고 평생의 직업으로 삼았다면 본격적인 공부는 사업을 시작한 이후에 시작했다. 사업이 안정을 찾아갈 무렵 충북대와 청주대에서 최고경영자, 고위건설경영인 과정을 수료하는 등 여느 사업가와 비슷한 과정을 거쳤다.

하지만 사업이 커지면 커질수록 깊이 있는 공부를 하고 싶은 열정도 커져 2001년 중부대학교 환경조경학과를 졸업하고 2003년에는 청주대학교 환경대학원에서 석사학위를 받았다. 지금은 청주대 대학원 환경조경학과 막바지 박사과정을 공부하고 있으며 학위 논문 준비에 한창이다.

"배우고 싶다는 생각이 점점 커지더군요. 좋아하는 일을 하는데 학문적으로도 알고 싶었죠. 어린 학생들과 공부하는게 처음에는 여간 힘든게 아니었지만 적응하고 나니 공부에도 재미가 붙어 박사과정까지 오게 됐네요."

학문과 사업을 넘나드는 홍대표의 조경에 대한 열정으로 청주 최초의 임업후계자가 됐으며 도시녹화에 기여한 공로를 인정받아 대통령상을 수상하기도 했다. '조경의 매력이 어디에 있느냐'는 질문에 홍대표는 "자연 자체가 매력이다. 아무리 잘 지은 건물도 100년을 넘기기 힘들 잖는가. 하지만 심어 놓은 나무는 수백년, 수천년이 흘러도 그 자리에 조용히 서 있다. 내가 심은 나무가 하루가 다르게 자라는 것을 보는 기분은 뭐라 표현할 수 없을 정도다. 우연히 스치는 차창 밖 풍경에 내 손을 거친 흔적이 발견되는 맛은 이 일을 하지 않는 사람은 느끼지 못할 것"이라고 말했다.

주변에서는 홍대표를 자수성가한 사람이라고 평한다. 조경사업의 불모지였던 시절 맨몸으로 뛰어들어 자리를 굳혔으니 그 평가가 그릇된 것은 결코 아니다. 하지만 겉으로 드러나는 사업가 홍성래의 이면에는 자신이 좋아하는 분야를 사업으로까지 이어간 열정이 숨어 있다.

그를 잘 안다는 한 후배는 "사업의 목표는 돈을 버는 것이지만 (홍성래)선배는 한번도 돈 벌고 싶다는 얘기를 한 적이 없다. 지금도 욕심없이 농장 일구고 20명이 넘는 직원들과 먹고사는 문제를 해결할 수 있다면 만족한다고 할 정도다. 그러면서도 중견 업체로 일궈놨으니 돈만 쫓는 다른 기업인들이 한번쯤은 선배의 사업 과정을 들춰볼 필요가 있을 것"이라고 말했다.

2006.6.29. 충북인뉴스

10개 조경업체 참여, '조경인 기증공원' 조성 '1004만 그루 나무심기 운동' 일환

충북 청주시는 오는 30일 흥덕구 비하동 인근에 시민의 힘으로 '조경인 기증공원'이 조성된다고 밝혔다.

이 공원은 생명수 1004만 그루 나무심기 운동 활성화를 위한 '참여공원 조성' 계획의 일환으로 추진됐다.

청주시에 따르면, 공원은 조경업체의 각종 조경수 및 식재, 시설물 등 기증으로 이루어지며, 지난 4월 청주시 10개 조경업체와 조성협약을 맺고 이번 사업을 진행하고 있다고 전했다.

이번 사업에는 ▷청주농원 신현옥 대표 ▷새한조경 유명수 대표 ▷충북조경 홍성래 대표 ▷한일조경 한윤구 대표 ▷공간조경 허춘일 대표 ▷송림조경 최항옥 대표 ▷두원조경 이은찬 대표 ▷정도조경 박정순 대표 ▷상산세라믹 김승남 대표▷한광 이정석 대표 등이 참여했다.

오정식 도시녹화담당은 “이번 공원 조성으로 민간주도형 나무심기인 ‘생명수 1004만그루 운동’이 활성화 될 것”으로 보이며 “도심환경 개선 및 녹색수도 청주 건설 구현이 기대된다”고 밝혔다.

2014. 6. 25 한국건설신문

부수인증매체
한국ABC협회

한국건설신문
SINCE 1988 창간34주년

검색 할 기사를 입력하세요.

건설뉴스 | 오피니언 | 공사/계약 | 주택/부동산 | 자재/장비 | 건축/도시 | 전문/조경 | 국회 의정활동

조경 | 전문건설

HOME > 전문/조경 > 조경

10개 조경업체 참여, '조경인 기증공원' 조성

주선영 기자 승인 2014.06.25 10:34 댓글 0

| 청주시 '1004만 그루 나무심기 운동' 일환

한국건설신문 주선영 기자= 충북 청주시는 오는 30일 흥덕구 비하동 인근에 시민의 힘으로 '조경인 기증공원'이 조성된다고 밝혔다.

이 공원은 생명수 1004만 그루 나무심기 운동 활성화를 위한 '참여공원 조성' 계획의 일환으로 추진됐다.

청주시에 따르면, 공원은 조경업체의 각종 조경수 및 식재, 시설물 등 기증으로 이루어지며, 지난 4월 청주시 10개 조경업체와 조성협약을 맺고 이번 사업을 진행하고 있다고 전했다.

이번 사업에는 ▷청주농원 신현옥 대표 ▷새한조경 유명수 대표 ▷충북조경 홍성래 대표 ▷한일조경 한윤구 대표 ▷공간조경 허춘일 대표 ▷송림조경 최항옥 대표 ▷두원조경 이은찬 대표 ▷정도조경 박정순 대표 ▷상산세라믹 김승남 대표▷한광 이정석 대표 등이 참여했다.

오정식 도시녹화담당은 "이번 공원 조성으로 민간주도형 나무심기인 '생명수 1004만그루 운동'이 활성화 될 것"으로 보이며 "도심환경 개선 및 녹색수도 청주 건설 구현이 기대된다"고 밝혔다.

주선영 기자
다른기사 보기

ㅇ

"봉사하는 마음, 타 단체 모범 온 힘" 청주청원 범죄피해자 지원협의회 위원장에 홍성래 씨 선임

청주청원경찰서 범죄피해자 지원협의회(위원장 안덕호)는 26일 청주시내 한 식당에서 정기총회를 열고 신임 위원장에 홍성래 충북조경건설 대표이사를 선임했다.

신희웅 청원경찰서장이 참석한 가운데 열린 취임식에서 홍성래 신임 위원장은 "임기 동안 모든 위원들과 함께 협력하고 봉사하는 마음으로 타 단체의 모범이 되도록 힘쓰겠다"고 말했다.

김선영 중앙성교육아카데미 원장은 수석부위원장에 선임됐다.

이날 지원협의회는 김 모 군 등 중학생 5명에게 장학금으로 각 30만원씩 총 150만원 전달했다.

2016.04.26. 충청타임즈

○

2014 미스인터콘티넨탈 충북지역대회 '파인파 골프클럽의 건승을 기원'

충청일보가 주최하고 엠프레젼트홀딩스가 주관해 지난 21일 열린 '2014 미스인터콘티넨탈 충북 파이널 선발대회' 참가자들이 예선 3일째인 23일 초정의 ㈜씨피바이오에 이어 내수에 위치한 파인파 골프클럽을 찾았다.

참가자들은 당초 이곳에서 아름다운 그린을 배경 삼아 다양한 사진을 찍으려 했지만 우천 관계로 홍성래 대표로부터 파인파 골프클럽에 대한 설명을 들은 뒤 한 홀 근처와 클럽 정문에서의 사진 촬영으로 아쉬움을 달래야 했다.

숏홀 18홀의 파인파 골프클럽은 그린 상태를 포함해 초보자도 편하게 라운딩이 가능한 시설을 갖췄다. 조경 전문가가 시공한, 청주 근교에서는 유일한 파3 18홀의 골프장이고 코스가 아기자기하며 샤워시설·

커피숍·그늘집 등 다양한 편의시설 또한 구비하고 있다. 하절기에는 야간 라운딩도 할 수 있게 라이트 시설 또한 설치돼 있다.

2014.07.23. 충청일보

| 에필로그 |

1년을 마무리하는 액땜

2022년 12월 겨울, 유난히 폭설이 많이 내렸다. 사무실에 있는데 둘째 딸아이로부터 다급한 전화가 걸려왔다. 지금 골프장에 오는데 차가 미끄러워 언덕을 못 올라온다는 것이었다.

한파로 인해 도로가 결빙됐고 웰시코기 애완견 '호두'를 데리고 사무실에 있던 나는 갑자기 다급해지기 시작했다. 사무실 문을 박차고 나와 아이가 있는 곳으로 급하게 걸음을 옮겼고, 도착하자마자 나는 그만 미끄러져 정신을 잃고 말았다. 찰나의 순간이었다.

어렴풋이 아이의 울음소리가 멀리서 들려왔고 나는 그렇게 눈을 떴다. 왼쪽 얼굴에 피가 흐르고 있었다. 코피였다. "아빠, 아빠 미안해"라는 소리와 함께 자신 때문에 미끄러져서 얼굴 다쳤다고 자책하고 있는 모습이 보였다.

코피가 멈추지 않았다. 속은 매스꺼웠고 어지러웠다. 잠시 후 119가 도착했다. 아이가 부른 모양이다. 사무실에서 가까운 성모병원 응급실로 향했고 그곳에는 이미 가족들이 도착해 애타게 나를 기다리고 있었다. 정신이 아득한 순간에도 따뜻한 가족의 품이 있다는 것이 마냥 행복했다.

응급실은 미끄럼 낙상사고 환자들로 만원이었다. CT를 찍고 엑스레이를 찍었다. 왼쪽 안면 광대뼈 주변으로 네 군데가 골절됐다. 수술해야 한다는 것이다. 큰일 났다. 그래도 천만다행인 건 응급 수술이 아니어서 이튿날로 날짜를 정했다.

불행 중 다행이라고, 머리는 안 다쳤다는 의사 선생님 말씀이 그렇게 고마울 수가 없었다. 나는 분명 운이 좋은 사람이다. 주위를 둘러보았다. 살짝 넘어졌는데도 머리가 깨지고, 뇌진탕으로 쓰러지고, 그럼에도 나는 멀쩡하게 걸어 나오고! 이 얼마나 운이 좋은 사나이인가. '살다 보면 접싯물에 빠져서 죽는 사람이 있다.'라는 말도 있다는데 말이다.

2022년 임인년을 떠나보내며 나는 다시금 다짐한다. 세상을 살면서 복 짓는 일 많이 하면서 살아야겠다고. 어려움에 부닥친 사람을 돕고 억울한 사람에게 인정을 베풀어야겠다고. 베푼 마음은 반드시 복이 되어 돌아오게 되어 있으니 이것이 바로 마음의 복 밭 아니겠는가!

내가
꿈꾸면
꿈은
현실이
된다

초판 1쇄 발행 2023년 2월 15일

지은이 홍성래

펴낸이 임병천
펴낸곳 책나무출판사
출판신고 2004년 4월 22일(제318-00034)

주소 서울시 영등포구 신길3동 325-70 3F
전화 02-338-1228 **팩스** 0505-866-8254
홈페이지 www.booktree.info

ISBN 978-89-6339-692-7 03810